Ingrid Biermann

Alle Sinne aufgewacht!

Wahrnehmungsspiele für Kinder unter 3 Jahren

HERDER

FREIBURG · BASEL · WIEN

Erläuterung der Symbole:

 ab 2 Monaten   ab 1 Jahr

© Verlag Herder GmbH, Freiburg im Breisgau 2011
Alle Rechte vorbehalten
www.herder.de

Umschlaggestaltung: SchwarzwaldMädel, Simonswald
Illustration Umschlag: Klaus Puth, Mühlheim
Illustrationen Innenteil: Fabienne Rieger, Rheinfelden
Layout, Satz und Gestaltung: Weiß-Freiburg GmbH – Graphik & Buchgestaltung
Druck und Bindung: GRASPO CZ, Zlín

Gedruckt auf umweltfreundlichem, chlorfrei gebleichtem Papier
Printed in the Czech Republic

ISBN 978-3-451-32357-7

Inhalt

Einleitung

VON NUN AN GEHT ES SINNVOLL ZU

Liebe Erzieherin,

könnten Ihnen Ihre Kinder unter drei Jahren sagen, was und womit sie spielen möchten, wenn sie die Krippe oder den Kindergarten besuchen, dann würden sie bestimmt folgende Wünsche äußern: Sie möchten mit nackten Füßen durch Pfützen laufen, in der feuchten Erde matschen, Regenwürmer sammeln, den Sand durch die Finger rieseln lassen, genussvoll eine Banane zerdrücken und verspeisen sowie alles, was sie neugierig macht, aktiv untersuchen. Sie möchten krabbeln und hüpfen, klettern und springen und ganz viel Zeit haben. Sie möchten sich auf ihre Weise Informationen über Dinge und Materialien verschaffen. Sie möchten ausprobieren, um dadurch sicher zu werden im Umgang mit dem Unbekannten.

Bei all den Erfahrungen, die die Kinder machen, helfen ihnen ihre eigenen Werkzeuge, nämlich die sieben Sinne. Mit Hilfe ihrer Wahrnehmung können sie die Welt be-greifen. Dabei müssen sie alles konkret erfahren, alles Unbekannte für sich entdecken und sich damit „bekannt" machen. Nur durch eigenes Erforschen und Experimentieren können sie verstehen lernen und in dieser Welt ankommen.

In einer Umgebung, die interessante Impulse bietet, bleibt kein Kind inaktiv. Schon im Säuglingsalter reagiert es auf seine Umwelt und nimmt aktiv am Leben teil. So nutzt es schon mit drei Monaten seine akustische Wahrnehmung und reagiert durch aktives Hinterherschauen auf Geräusche und Stimmen. Mit etwa vier Monaten setzt es intensiv seinen Tastsinn ein und beschäftigt sich so mit Dingen, die es greifen kann. Es nimmt über Laute mit der Umgebung Kontakt auf. Etwa ab dem siebten Monat greift es das, was es sieht, mit Daumen und Zeigefinger. Es ist wach und das Interesse an seiner sinnlichen Wahrnehmung nimmt täglich zu. Mit etwa elf Monaten beginnt es zu krabbeln und auch sein Interesse an der weiteren Umgebung wächst. Seine Freude an Liedern, Fingerspielen, kleinen Geschichten, Bilderbüchern und rhythmischen Spielen nimmt zu. Das Kind ist dank seiner Wahrnehmung stets aufnahmebereit für neue und höchst interessante Erfahrungen. Eine erzieherische Hauptaufgabe in der Kleinstkindpädagogik ist daher die sensible Unterstützung der sinnlichen Wahrnehmung.

Doch nicht nur sinnliche Erfahrungen sind Teil der Selbst- und Welterfahrung des Kindes, sondern natürlich auch die Erfahrungen über die Emotionen. Die Erzieherin kann durch eine genaue Beobachtung der Kleinsten (ihrer Handlungen und Gefühlsäußerungen) ein immer besseres Verständnis für jedes einzelne Kind entwickeln und sensibel auf deren Bedürfnisse eingehen. Die beste Grundlage für die kindliche Entwicklung ist, dass sich das Kind angenommen und verstanden fühlen kann und spürt, dass es Zeit hat, seine Umwelt zu entdecken, wahrzunehmen und zu verstehen.

Geeignete Spielmaterialien für die Wahrnehmungsförderung von Kindern unter drei Jahren sind die einfachen Dinge ihrer Umwelt. Dazu gehören Naturmaterialien, die auf jeder Wiese, im Park oder auf dem Spielplatz zu finden sind. Oder Alltagsmaterialien, die ihnen vertraut sind, ihre Sinne ansprechen und ihre Erfahrungen erweitern; die ihre Experimentierfreude anregen und ihrem ganz eigenen Spielbedürfnis entsprechen. Darum sind Dosen, Wäscheklammern, Kissen, Kartons, Deckel und Töpfe, Steine, Stöckchen, Blätter und Sand ein ideales Spiel- und Sinnesmaterial. Sie laden schnell zum Experimentieren und Erforschen mit allen

Sinnen ein. Matratzen, Hocker und Bänke fordern zum Klettern und Hüpfen auf. Rasierschaum, Matsche, Kleister und Farbe machen aus jedem Kind einen kleinen Künstler.

Nutzen Sie so oft wie möglich die Natur als Spielfeld, denn nirgendwo werden die Sinne so elementar angeregt wie draußen. Erleben und mit allen Sinnen wahrnehmen steht auf dem Programm! Pure Spielfreude soll sich entwickeln. Die Kinder sollen den Wind an ihren Beinen und Armen spüren, die Nässe auf ihrer Haut, die weichen Blätter, den steinigen Boden, die matschige Erde.

ÜBER DIE SPIELE IN DIESEM BUCH

In diesem Buch finden Sie, liebe Erzieherin, viele sinnvolle Spielideen und Impulse, die Sie problemlos in Ihre tägliche Arbeit integrieren können. Die meisten Impulse können schnell und ohne viel Vorbereitung sowohl im Haus als auch im Freien durchgeführt werden.

Im ersten Kapitel finden Sie vielseitige Anregungen, die Sie einladen, mit wenig Aufwand und jeder Menge Spaß, aus Alltags- und Naturgegenständen wahrnehmungsförderndes Spielmaterial selbst herzustellen.

Die Kinder können sich mit den Spielmaterialien jeweils allein, zu zweit oder auch in einer kleinen Gruppe selbstständig – bzw. je nach Bedürfnis des einzelnen Kindes und der Spielsituation gemeinsam mit der Erzieherin – beschäftigen. Die Verwendung ist an keinen Ort und an keine Spieldauer gebunden.

> Bei der Herstellung von Spielmaterialien können auch Eltern aktiv helfen. So bekommen sie einen Einblick in die pädagogische Arbeit und werden von Anfang an miteinbezogen. Lassen Sie – so gut es geht – auch die Kinder bei der Vorbereitung mithelfen. Das kann schon beim Sammeln von Materialien oder beim Einfüllen von Sand in eine Flasche beginnen! Hierdurch wird bei ihnen von Anfang an der basale Bezug zu den Materialien unterstützt, z. B. das Kennenlernen der verschiedenen Eigenschaften und das Interesse an der intensiven Beschäftigung mit ihnen.

Im zweiten Kapitel werden vielfältige Wahrnehmungsspiele für das Freispiel vorgestellt. Kurze Spielimpulse zur Beschäftigung mit Alltagsmaterialien, kreative Schmier-, Knet- und Malideen, Vorschläge für sinnvolle Spielbereiche sowie kunterbunte Spielideen für drinnen und draußen bereichern das freie Spiel der Kleinsten und fördern sie ganzheitlich.

Im dritten Kapitel dreht sich alles um einfache Spielideen für den Morgenkreis. Diese ersten Kleingruppenaktionen unterstützen die Kleinsten mit viel Spaß in ihrer Wahrnehmung und ganzheitlichen Entwicklung. Fingerspiele, Lieder, rhythmische Verse, kleine Mitmach- und Bewegungsimpulse, Kreativangebote sowie Ideen für sinnvolle Tagesrituale und den Gruppenwechsel sind drinnen wie draußen ein (Sinnes-)Erlebnis.

Achten Sie bitte bei allen Spielen immer auf Sicherheit! Suchen Sie jede Anregung individuell nach Ihren Empfindungen und Arbeitsbedingungen aus, stimmen Sie sie bei Bedarf auf Ihre Gruppe ab, damit keine unnötigen Gefahrenquellen die Spielfreude blockieren. Haben Sie das Spiel Ihrer Kleinen jederzeit aufmerksam im Blick, spielen Sie aktiv mit, damit Sie schnell und pädagogisch sinnvoll reagieren können.

Sicherheitshinweis: Im Umgang mit Kleinteilen müssen Kinder unter drei Jahren kontinuierlich beaufsichtigt werden. Achten Sie darauf, dass Kinder sich an Spielmaterialien nicht verletzen oder diese verschlucken können (Erstickungsgefahr). Bei der Verwendung von verschließbaren Materialien achten Sie bitte darauf, dass diese gut verschlossen sind.

Nun sind Sie, liebe Erzieherin, gefragt. Ich wünsche Ihnen und Ihren Kindern viel Freude beim Spielen und Erleben mit allen Sinnen!

Ingrid Biermann

Spielmaterialien für die Sinne

Kinder und besonders Kleinstkinder brauchen nur wenig vorgefertigtes Spielzeug und keinen perfekt ausgestatteten Gruppenraum. Was Kinder brauchen, ist eine Umgebung, die einlädt, aktiv zu sein, sich zu bewegen, kreativ zu entfalten und auszuruhen. Mit Alltagsgegenständen sowie speziellen Sinnesmaterialien können sie mit allen Sinnen vielfältige Erfahrungen machen.

„ICH HÖRE WAS, WAS DU AUCH HÖRST"
Spielzeug zur Unterstützung der akustischen Wahrnehmung

> Von Anfang an reagiert das Kleinstkind sehr sensibel auf Klänge, Geräusche, Stimmen, Worte und Melodien. Eine gut ausgebildete, akustische Wahrnehmung erleichtert auch die Sprachentwicklung. Die folgenden Spielimpulse geben Ihnen vielfältige Anregungen an die Hand, klang- und geräuschvolle Spielmaterialien mit wenig Aufwand selbst herzustellen.

Glöckchen-Armband

ZIELE: Unterstützung der taktilen, akustischen und visuellen Konzentration, der Kraftdosierung
MATERIAL: Sport-Armbänder, Glöckchen, Nähzeug, Nähmaschine, Schere

Herstellung: Die Armbänder werden kleiner genäht und anschließend werden Glöckchen an diesen befestigt.
Spielbeschreibung: Die Kinder können mit ihrem Glöckchen-Armband spielen, um dieses taktil kennenzulernen. Am Handgelenk getragen, kann es dann mit jeder Bewegung Glöckchenklang erzeugen.

Knisternde und klimpernde Schatzkissen

ZIELE: Unterstützung der akustischen und taktilen Differenzierung und der kinästhetischen Wahrnehmung
MATERIAL: einfarbige Waschhandschuhe, Füllmaterialien wie Reis, Nüsse, Knöpfe, Glöckchen, kleine Dekosteine oder Plastikbausteine, Folienpapier oder andere Knistermaterialien, Nähmaschine, Schere

Herstellung: Die Waschhandschuhe werden jeweils mit einem Füllmaterial bestückt und zugenäht.
Spielbeschreibung: Die schönen Waschhandschuhe laden durch die bunten Farben zum Befühlen ein. Sie knistern und klimpern und machen dadurch neugierig.

Klangbecher

ZIELE: Unterstützung der akustischen, taktilen, kinästhetischen Wahrnehmung

MATERIAL: Becher aus Hartplastik, Knöpfe, Kugeln, Bindfaden, kleiner Bohrer

Herstellung: In den Boden des Trinkbechers wird ein Loch gebohrt. Durch dieses Loch wird ein Bindfaden gezogen, der auf der Außenseite verknotet wird. Im Inneren des Bechers wird an den Faden eine Kugel oder ein Knopf aufgefädelt und fest verknotet.

Spielbeschreibung: Wird der Becher bewegt, dann schlägt die Kugel oder der Knopf an die Innenseite des Bechers und erzeugt Geräusche.

Variation: Anstatt der Plastikbecher können auch Dosen genommen werden, deren Rand entschärft wurde.

Klapperbaum

ZIELE: Unterstützung der akustischen und taktilen Wahrnehmung, der Feinmotorik, der Kraftdosierung, der Experimentierfreude

MATERIAL: unterschiedlich lange Papprollen, farbiges Bastelpapier, Glanzpapier oder Verpackungspapier, Schere, Klebstoff, Paketband, Perlen, Handbohrer, Flechtnadel

Herstellung: Verschieden lange Papprollen werden mit farbigem Papier beklebt. Jeweils auf der gegenüberliegenden Seite werden Löcher in die Rolle gebohrt. Hierdurch wird nun das Paketband mit der Flechtnadel gezogen. Rechts und links hängt das Paketband ein Stück heraus. An jedes Ende wird eine Perle geknotet.

Spielbeschreibung: Durch das Hin- und Herbewegen des Klapperbaums schlagen die Perlen an das Rohr. Es entsteht ein dumpfer Klang. Je mehr Perlenbänder an dem Rohr befestigt werden, umso intensiver ist der Klang.

Variation: Statt Perlen werden Glöckchen an die Bänder gebunden.

Krachmacherdosen

ZIELE: Unterstützung der akustischen Differenzierung, der visuellen Konzentration und der taktilen Wahrnehmung
MATERIAL: verschiedene Dosen wie leere Tennisballdosen, durchsichtige Dosen, schmale und lange Dosen, unterschiedliches Füllmaterial wie Erbsen, Wäscheklammern, Steine, Perlen, Glöckchen usw.

Herstellung: Die Dosen werden jeweils mit unterschiedlichem Material gefüllt und fest verschlossen.
Spielbeschreibung: Durch Rollen, Schubsen, Rütteln entstehen die unterschiedlichsten Geräusche.
Variation: Die Dosen können, so hoch es geht, gestapelt werden. Jüngere Kinder bekommen leere Dosen, um eine Verletzungsgefahr zu vermeiden.

Die besondere Aktion: Die Trommelwand

ZIELE: Unterstützung der akustischen Differenzierung, der Kraftdosierung und der visuellen Konzentration
MATERIAL: unterschiedlich große Kochtöpfe, Plastikeimer, feste Kartons, Haken, Schrauben, Bohrmaschine, Kochlöffel

Herstellung: Die gesammelten Krachmacher wie Töpfe und Eimer können – mit der Öffnung zur Wand – sicher und fest an einer Wand befestigt werden.
Spielbeschreibung: An dieser Trommelwand können die Kinder mit Kochlöffeln Musik machen.
Variation: Auch mit den Kochlöffeln selbst können durch Aneinanderschlagen interessante Klangerfahrungen gemacht werden.

„SCHAUEN, STAUNEN, SPIELEN"
Spielzeug zur Unterstützung der visuellen Wahrnehmung

Der Säugling nimmt die Welt ab dem 4. Monat farbig wahr. Er reagiert auf Farbreize sehr sensibel, sie beeinflussen Stimmungen und Gefühle. Farbimpulse sollten daher gezielt und dosiert angeboten werden. Aber nicht nur die Farbe, sondern auch die Form, die Größe und andere Eigenschaften werden nun schon wahrgenommen. Interessante Spielereien, die hauptsächlich die visuelle Wahrnehmung unterstützen, hält dieses Kapitel bereit.

Gucklöcher

ZIELE: Unterstützung der visuellen Konzentration, der Beobachtungsfreude
MATERIAL: Papier, Schere, Klebestreifen, gelbe Fingerfarbe, Farbschalen, Malerkittel

Herstellung: Aus dem Papier werden unterschiedlich große Kreise geschnitten. Diese werden in unterschiedlichen Höhen an ein großes und für die Kinder gut erreichbares Fenster geklebt. Dann wird die Fensterscheibe gemeinsam mit einigen Kindern mit gelber Fingerfarbe bemalt. Nach dem Trocknen werden die Papierkreise entfernt.
Spielbeschreibung: Die Kinder schauen durch Gucklöcher und können die Umgebung durch unterschiedliche Aussichten wahrnehmen.

Kindergarten-Memory

ZIELE: Unterstützung der visuellen Konzentration, der Sprache und Sprechfreude, der Feinmotorik
MATERIAL: Fotos von Kindergartenmaterialien (z. B. Tasse, Teddy, Auto, Teller), Laminiergerät, Schere, ein Schuhkarton, einfarbiges Geschenkpapier, Schere, starker Kleber

Herstellung: Von verschiedensten Dingen und Gegenständen aus dem Kindergarten werden Fotos gemacht. Diese werden vergrößert, laminiert und einmal durchgeschnitten. Die Ecken der Bilder werden abgerundet. Der Schuhkarton wird mit dem Geschenkpapier beklebt. Dort werden die Memoryteile aufbewahrt.

Spielbeschreibung: Das Kind sucht sich aus dem Karton ein Memoryteil heraus und legt es auf den Tisch oder den Boden. Die Erzieherin sucht mit dem Kind das zweite Teil und legt es dazu. Der gezeigte Gegenstand wird benannt. Dieser Spielablauf wird so lange wiederholt, bis der Karton leer ist.

Zur Vertiefung dieses Spiels können die abgebildeten Gegenstände im Kindergarten gemeinsam gesucht und betrachtet werden. So erhalten die Kinder den realen Bezug zu den abgebildeten Gegenständen.

Variationen:

- Themen-Memory: Es werden Fotos von Dingen aus der Küche, dem Waschraum, der Puppenecke, dem Bauteppich oder dem Sandkasten gemacht.
- Es wird ein Eigentumsmemory mit Bildern von Kindergartentaschen, Schuhen oder Kleidungsstücken der Kinder angefertigt.

Spiegelstudio

ZIELE: Unterstützung der visuellen und kinästhetischen Wahrnehmung
MATERIAL: Spiegelfliesen, Kleber, Spiegelfolie, Rasierschaum oder Fingerfarbe

Herstellung: Eine Raumecke wird mit verschiedenen Spiegeln in ein Spiegelstudio umgewandelt. Hier können auch die Decke und der Boden mit Spiegelfliesen beklebt werden. Um Verletzungsgefahren zu vermeiden, werden die Spiegel mit einer Spiegelfolie überzogen.

Spielbeschreibung: Kinder ab 1,5 Jahren können sich in diesem großzügigen Spiegelstudio von allen Seiten entdecken und mit verschiedenen Materialien unterschiedliche Erfahrungen machen.

Variationen:

• Handspiegel: Mit kleinen Handspiegeln können die Kleinen genau ihr Gesicht betrachten.

• Spiegelfliesen: Spiegelfliesen werden unter Tischen oder über dem Wickeltisch angebracht: Das Kind kann sich beim Krabbeln bzw. im Liegen entdecken.

• Spiegelstationen: Einzelne Spiegel werden im Kindergarten hier und dort an die Wand, auf den Boden oder unter die Decke geklebt. So kann sich das Kind immer wieder von allen Seiten betrachten und wahrnehmen. Der Schlafraum sollte aber frei von Spiegeln sein.

Groß und Klein

+18 MON

ZIELE: Unterstützung der visuellen Differenzierung, der Feinmotorik, der kinästhetischen Wahrnehmung

MATERIAL: zwei gleich große, einfarbige Schuhkartons, sehr kleine und große Steine, Teppichmesser, Schere

Herstellung: In den Deckel eines Schuhkartons werden ein großes und ein sehr kleines Loch geschnitten. In den zweiten Schuhkarton werden viele große und kleine Steine hineingelegt.

Spielbeschreibung: Die Erzieherin nimmt aus dem Karton einen Stein, wirft ihn langsam durch das entsprechende Loch in den anderen Karton und sagt dabei: „Klein." Dann kann das Kind einen Stein nehmen und je nach Größe durch eines der Löcher in den Karton werfen. Je nach Größe des Steines sagt die Erzieherin „Klein" oder „Groß." Das Spiel wird so lange durchgeführt, bis alle Steine im anderen Schuhkarton gelandet sind.

Stein auf Stein

ZIELE: Unterstützung der visuellen Konzentration, der taktilen und kinästhetischen Wahrnehmung

MATERIAL: viele große (Margarine-)Dosen mit Deckel, evtl. Heißklebepistole

Spielbeschreibung: Aus diesen einfachen Bausteinen lassen sich Türme bauen, die man dann ohne Risiko wieder umwerfen kann.

Variation: Die Dosen können für ältere Kinder mit unterschiedlichen Materialien gefüllt und fest verschlossen werden (z. B. mit der Heißklebepistole). Sie werden somit schwerer und die Kinder machen andere Erfahrungen.

Bunte Kullerrollen

ZIELE: Unterstützung der visuellen und taktilen Wahrnehmung, der Auge-Hand-Koordination, der Bewegungsfreude

MATERIAL: unterschiedliche Papprollen, verschiedene Papier- und Stoffsorten, Schere, Klebstoff, evtl. ein langes Brett, Fußbank

Herstellung: Die Papprollen werden mit verschiedenen Materialien beklebt.

Spielbeschreibung: Die Kinder können die Rollen befühlen, betrachten, sie rollen und viele interessante Erfahrungen dabei machen.

Variation: Für ältere Kinder kann eine Rampe gebaut werden. Ein Brett, welches auf eine Fußbank gestellt wird, lädt die Kinder ein, die bunten Rollen hinunterrollen zu lassen.

Bunte Welten

ZIELE: Unterstützung der visuellen Differenzierung, der Beobachtungsfreude
MATERIAL: durchsichtige Farbfolie (evtl. in verschiedenen Farben), Klebestreifen

Herstellung: An einem Fenster wird in kindgerechter Höhe farbige Folie angebracht. Es können auch verschiedene Farbfolien (z. B. in Kreisform) befestigt werden.
Spielbeschreibung: Die Kinder schauen durch das Farbfenster bzw. die Farbkreise und können so die Umgebung farbig betrachten.

Schwebende Bälle

ZIELE: Unterstützung der visuellen Wahrnehmung, der Auge-Hand-Koordination, des propriozeptiven Systems
MATERIAL: Wasserbälle bzw. Luftballone in unterschiedlichen Farben, Bindfäden, Haken, Handbohrer

Herstellung: Die Wasserbälle oder Luftballone werden aufgeblasen und in greifbarer Höhe mit einem Band an der Decke befestigt.
Spielbeschreibung: Das Kind kann im Liegen, während es krabbelt, während es eine neue Windel bekommt usw. nach den Wasserbällen greifen und damit spielen. Es kann die Bälle treten oder stoßen. Es erlebt ein bewegtes Spiel mit den farbigen Bällen.

„FÜHL DOCH MAL"
Spielzeug zur Unterstützung der taktilen Wahrnehmung

Die Kinder be-greifen ihre Welt im wahrsten Sinne des Wortes. Daher ist eine vorbereitete Umgebung, in der be- und erfühlt werden kann, von besonderer Wichtigkeit. In diesem Kapitel bekommen Sie viele Anregungen dazu, wie die Umgebung des Kindes so gestaltet wird, dass das Bedürfnis nach vielfältigen taktilen Erfahrungen gestillt werden kann. Allein, zu zweit oder in einer kleinen Gruppe können diese Erfahrungen zu einem besonderen Erlebnis werden.

Wärmekissen

ZIELE: Unterstützung der taktilen Wahrnehmung, der emotionalen Entwicklung, der Regulierung des Körperempfindens
MATERIAL: kleine Wärmflaschen

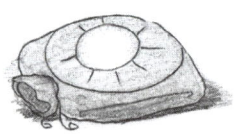

Spielbeschreibung: Mit warmem Wasser gefüllte Wärmflaschen können im Laufe des Tages kleine Wunden heilen, Heimweh lindern, oder andere „Wunder" wirken, denn sie fühlen sich einfach gut an. Die Erfahrung der Wärme beruhigt die Kleinsten und begleitet diese vielleicht auch in den Schlaf.

Tastsocken

ZIELE: Unterstützung der taktilen, der kinästhetischen und visuellen Wahrnehmung
MATERIAL: mehrere Kindersocken, Füllmaterialien wie Erbsen, Bohnen, Reis, Nüsse, Mais, Kastanien, Perlen, Papier, Knöpfe, Watte usw., evtl. Nähmaschine

Herstellung: Die Socken werden mit je einem Material gefüllt und zugenäht bzw. fest zugeknotet.
Spielbeschreibung: Diese Tastsocken fordern die Jüngsten zum Befühlen auf. Ältere Kinder können sie sortieren oder mit Tastsocken-Paaren Memory spielen.

Spielpuppen „Paul und Paula"

ZIELE: Unterstützung der taktilen und der emotionalen Entwicklung
MATERIAL: Säuglingskleidung wie Strampelanzug mit Fuß, Hemdchen, Mütze, Fausthandschuhe, dichter, hautfarbener Stoff, Füllmaterial, Stoffmalfarbe

Herstellung: Der Kopf der Puppe wird geformt und genäht. Danach werden alle Bekleidungsteile miteinander verbunden, festgenäht und mit Füllmaterial gefüllt. Das Gesicht wird aufgezeichnet.
Spielbeschreibung: Die Spielpuppe eignet sich zum Kuscheln, Schmusen, Fühlen und Spielen. Wenn Sie Lust haben, dann nähen Sie zum Paul noch eine Paula.

Malstation

ZIELE: Unterstützung der taktilen, visuellen, und kinästhetischen Wahrnehmung
MATERIAL: Korkplatten, Korkkleber, Tapetenrolle, Fingerfarben, Klebeband

Herstellung: Eine Wand im Gruppenraum wird mit Korkplatten großflächig beklebt und so zu einer interessanten Malstation umgestaltet.
Spielbeschreibung: Große Tapetenstreifen werden auf der Korkwand befestigt. Die Kinder können auf dieser großen Malfläche nun allein oder in einer Gruppe kreative Bilder erstellen.

Überraschungskörbe

ZIELE: Unterstützung der visuellen, taktilen und akustischen Wahrnehmung, der Kraftdosierung und der Fein- und Grobmotorik
MATERIAL: Weidenkörbe, eine vielfältige Auswahl an Papier, Wolle und Holzteilen

Herstellung: Die Weidenkörbe werden mit den unterschiedlichen Materialien gefüllt und in den Gruppenraum gestellt.
Spielbeschreibung: Die unterschiedlichen Entdeckungskörbe laden zum Fühlen, zum Schauen und Staunen, zum Ein- und Ausräumen und zum Sortieren ein.

Greifdosen

ZIELE: Unterstützung der taktilen Erfahrung, der visuellen Konzentration, der Feinmotorik, der Kraftdosierung

MATERIAL: große Tee- oder Kaffeedosen mit Deckel, ein Handbohrer, kurze und lange Wollfäden

Herstellung: In die Dosen werden verschiedene Löcher gebohrt und eventuell auftretende Kanten entschärft. Die Wollfäden werden in die Dosen gesteckt und jeweils ein Faden wird von innen ein Stück durch das Loch gefädelt.

Spielbeschreibung: Die Kinder können die unterschiedlich langen Wollfäden mit Daumen und Zeigefinger herausziehen. Ist die Dose leer, fädelt die Erzieherin die Fäden wieder durch die Löcher und die Dose lädt erneut zu einem Greifspiel ein.

Große Schlitzlochkiste

ZIELE: Unterstützung der taktilen Wahrnehmung, der visuellen Konzentration, der Feinmotorik

MATERIAL: eine durchsichtige, große Aufbewahrungskiste mit Deckel, Teppichmesser, evtl. einige Gegenstände, die durch die Öffnungen passen

Herstellung: In den Deckel und die Wände der Kiste werden mit dem Teppichmesser unterschiedlich lange Schlitze, runde, drei- und viereckige, große und kleine Löcher geschnitten.

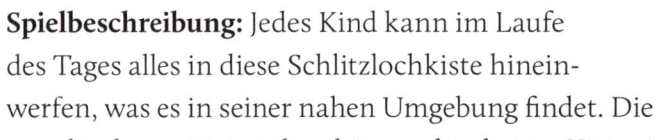

Spielbeschreibung: Jedes Kind kann im Laufe des Tages alles in diese Schlitzlochkiste hineinwerfen, was es in seiner nahen Umgebung findet. Die verschiedenen Materialien können hierbei im Kisteninneren betrachtet werden. Mittags kann diese Kiste ausgeschüttet werden. Gemeinsam werden diese Dinge betrachtet, benannt und wieder an ihren Platz geräumt.

Variation: Jüngeren Kindern kann zu dieser Spielkiste auch eine kleine Auswahl an passenden Gegenständen gegeben werden.

„KRABBELN, KLETTERN UND NOCH MEHR"
Spielzeug zur Unterstützung der vestibulären und kinäs-thetischen Wahrnehmung

Jedes Kind hat Freude an der Bewegung. Schon im Mutterleib sammelt es erste vestibuläre und kinästhetische Erfahrungen. Es spürt sich durch seine Bewegungen und nimmt sich wahr. Daher ist eine Umgebung, die zur Bewegung einlädt, gerade für die Kleinen von großer Wichtigkeit. Sie erfahren sich, die Materialien und ihre Handlung über Bewegung. Im Folgenden finden Sie eine Ideenvielfalt an selbst herstellbaren Materialien, die den Kindern interessante wahrnehmungsfördernde Bewegungserfahrungen ermöglichen. Viele Materialien lassen sich schnell transportieren und sind daher überall einsetzbar. Aber auch hier steht die Sicherheit an erster Stelle.

Wackelkissen

ZIELE: Unterstützung der vestibulären, kinästhetischen und taktilen Wahrnehmung, Unterstützung der Bewegungsfreude

MATERIAL: eine bzw. mehrere Wärmflaschen

Herstellung: Füllen Sie eine oder mehrere Wärmflaschen mit warmem Wasser.

Spielbeschreibung: Legen Sie das Kind nach dem Wickeln oder Baden mit dem Bauch oder dem Rücken auf eine oder mehrere Wärmflaschen. Fassen sie das Kind an den Händen und bewegen es sanft über dieses warme Wackelkissenbett. Dabei können sie liebevoll mit ihm kommunizieren, ein kurzes Lied singen oder rhythmische Verse sprechen.

Variationen: Für Kinder ab 12 Monaten können Wärmflaschen auf den Boden gelegt werden, die zu Wackelerlebnissen beim Krabbeln oder Laufen einladen. Die Kinder können sich auch auf die Wärmflaschen setzen. So wird das Sitzen zu einer wackeligen Angelegenheit.

Schaukelbett

ZIELE: Unterstützung der kinästhetischen und vestibulären Wahrnehmung und der Bewegungsfreude
MATERIAL: Luftmatratze bzw. Luftbett, Luftpumpe, Schaumgummi- bzw. Isomatten

Vorbereitung: Die Luftmatratze bzw. das Luftbett wird aufgepumpt und in einer sicheren Raumecke platziert. Die Wände, die die Matratze oder das Luftbett berühren, sollten mit Schaumgummi gesichert werden.
Spielbeschreibung: Das Kind wird auf die Luftmatratze oder auf das Luftbett gelegt und leicht geschaukelt. Kurze Lieder oder Verse unterstützen dieses sinnesfördernde Bewegungserlebnis.
Variation: Das Luftbett lädt Kinder auch zum Ruhen und Entspannen ein. Leichte schwingende Bewegungen unterstützen diese Erfahrung.

Hüpfburg

ZIELE: Förderung der kinästhetischen und vestibulären Wahrnehmung, Stärkung der Körperspannung, der visuellen Konzentration
MATERIAL: einige Matratzen, einfarbige Spannbetttücher, Isomatten

Vorbereitung: Die Matratzen werden mit Spannbetttüchern bezogen und in einer sicheren Raumecke zusammengelegt. Die Wände sollten aus Sicherheitsgründen mit Schaumgummi ausgepolstert werden.
Spielbeschreibung: Auf dieser Hüpfburg können die Kinder je nach Alter allein, in Gruppen oder mit der Erzieherin ausgelassen springen und sich bewegen.
Variation: Aus diesen Großbausteinen können ältere Kinder auch nach eigenen Ideen neue Landschaften oder Straßen bilden und sich damit immer neue Bewegungsmöglichkeiten eröffnen.

Erfahrungsweg

ZIELE: Unterstützung der taktilen, vestibulären und kinästhetischen Wahrnehmung
MATERIAL: Teppich-, Keramik- und Korkfliesen, Fußmatten, Stoffe, Naturmaterialien, Teppichkleber bzw. doppelseitiges Klebeband

Herstellung: Im Gruppenraum bzw. im Flur werden die unterschiedlichen Fliesen und Matten in einer (evtl. geschlängelten) Reihe hintereinander auf den Boden aufgeklebt.
Spielbeschreibung: Krabbelnd oder barfuß machen die Kinder auf diesem Erfahrungsweg unterschiedlichste taktile Erfahrungen.
Variation: Die Fliesen können auch als Fühlborde an die Wand geklebt werden.

Spielsteine

ZIELE: Unterstützung der vestibulären und kinästhetischen Wahrnehmung und der Kraftdosierung
MATERIAL: kleine und große Schuhkartons, Füllmaterial wie z. B. Sand, Papier, kleine Kieselsteine, Watte, Wolle, Korken, Klebeband

Herstellung: Die Schuhkartons werden mit den genannten Materialien gefüllt, fest zugeklebt und sind somit unterschiedlich schwer.
Spielbeschreibung: Diese Spielsteine können zum Sitzen, zum Balancieren, zum Stapeln und zu vielen anderen Aktivitäten benutzt werden.

Kletterwald

ZIELE: Förderung der kinästhetischen und vestibulären Wahrnehmung, der Bewegungsfreude, der visuellen Konzentration
MATERIAL: mehrere Sitzwürfel, Sitzhocker, kleine Zweistufenleitern, Regalbretter, ein großer, etwas dickerer Teppich

Spielbeschreibung: In einem Kletterwald aus Sitzwürfeln, Sitzhockern, kleinen Leitern, Regalbrettern und einem Teppich kann nach Herzenslust gekrabbelt, geklettert und balanciert werden.

Wahrnehmungs- spiele für das Freispiel

Die Freispielzeit ist die Zeit, in der das Kind viele wichtige und weitgehend selbst gesteuerte Lernerfahrungen macht. Es schaut und hört aufmerksam hin, ertastet, riecht, schmeckt, erforscht mit dem Mund, krabbelt, hüpft oder springt, klatscht oder singt und ist mit Freude und Neugier bei der Sache.

KURZE SPIELIMPULSE MIT ALLTAGSMATERIALIEN

Kinder benötigen, gerade in den ersten Jahren, Dinge aus ihrer unmittelbaren Umgebung zum Spielen und Wahrnehmen. Bekannte Gegenstände geben ihnen Spielsicherheit und der Wiedererkennungswert ist garantiert. Deshalb sind Alltagsmaterialien, die sie auch zu Hause finden, besonders geeignet für das aktive Spiel und die Entwicklung der Spielfreude. Die folgenden Spielimpulse mit Alltagsmaterialien regen zu Einzelspielen mit oder ohne Erzieherin, aber auch zu einfachen Paar- oder Gruppenspielen an.

> Für die folgenden Kissenspiele kann den Kindern eine Auswahl an unterschiedlich großen Kissen mit verschiedenen Füllungen zur Verfügung gestellt werden. Federn, Watte, kleine Luftballone, Raps, Tennisbälle oder Kastanien bergen Möglichkeiten für unterschiedlichste Fühl- und Bewegungserfahrungen.

Zudeckspiel
+7 MON

ZIELE: Unterstützung der haptischen Erfahrung und der Körperwahrnehmung
MATERIAL: eine Auswahl an unterschiedlichen Kissen

Spielbeschreibung: Unterschiedliche Kissen liegen in einer Raumecke bereit. Das Kind lässt sich mit einem oder mehreren Kissen zudecken oder umranden. Es können auch mehrere Kinder gleichzeitig zugedeckt werden bzw. sich selbst gegenseitig zudecken.

Kissenthron
+12 MON

ZIELE: Unterstützung der vestibulären, der taktilen und der kinästhetischen Wahrnehmung
MATERIAL: viele unterschiedliche Kissen

Spielbeschreibung: Das Kind hilft beim Bau eines Kissenthrons, indem unterschiedliche Kissen aufeinander gestapelt werden. Es wird nun auf den Thron gesetzt und versucht, darauf lange sitzen zu bleiben. Die Erzieherin gibt hier Hilfestellung.

Kissenkrabbelstraße

ZIELE: Unterstützung der haptischen Erfahrung, der vestibulären und kinästhetischen Wahrnehmung
MATERIAL: unterschiedliche Kissen und Kuscheltiere

Spielbeschreibung: Die Kinder krabbeln über eine Kissenstraße aus unterschiedlichen Kissen. Am Ende der Straße liegt ein Kuscheltier, welches geholt werden soll.

Kissenturm

ZIELE: Unterstützung der taktilen, visuellen, kinästhetischen Wahrnehmung
MATERIAL: viele Kissen

Spielbeschreibung: Das Kind baut aus verschiedenen Kissen einen Turm. Wenn er zusammenfällt, wird er wieder neu errichtet.

Kissenhüpfen

ZIELE: Unterstützung der vestibulären, visuellen, taktilen und kinästhetischen Wahrnehmung
MATERIAL: unterschiedliche Kissen, aufgeblasene Luftballone, Weidenkorb

Spielbeschreibung: Die Kinder bauen, evtl. mit Hilfe der Erzieherin, eine Hüpfstraße aus Kissen und laufen oder hüpfen mit beiden Beinen zum Ziel. Dort angelangt nehmen sie einen Luftballon aus dem Korb und laufen oder hüpfen zurück.
Variation: Das Kind wirft die Kissen aus geringer Entfernung (je nach Alter und Fähigkeit bitte anpassen) in den Korb.

Flaschen sind gut greifbar, können interessant gefüllt werden und lassen sich leicht transportieren. Durch ihre interessanten Füllungen beschäftigen sich die Kinder gerne lange mit ihnen. Aus Sicherheitsgründen sollten die Flaschen jeweils fest verschlossen werden.

Schauen und staunen

ZIELE: Unterstützung der kinästhetischen und vestibulären Wahrnehmung und der visuellen Konzentration
MATERIAL: kleine Plastikflaschen, buntes Krepppapier, Wasser, Flaschenkiste

Herstellung: Die Plastikflaschen werden mit Wasser gefüllt. Dort hinein wird ein farbiger Krepppapierstreifen gesteckt, durch den sich das Wasser färbt. Der Streifen kann entfernt werden.
Spielbeschreibung: Die Flaschen mit dem farbigen Wasser laden zum Schauen und Staunen ein. Sie können zu unterschiedlichsten Spielen auffordern. Ältere Kinder sortieren die Flaschen vielleicht gerne.

Rütteln, schütteln, schauen und sortieren

ZIELE: Unterstützung der visuellen und vestibulären Wahrnehmung, der Kraftdosierung
MATERIAL: verschiedene Plastikflaschen, unterschiedliches Füllmaterial wie Wasser, Erbsen, Sand, Reis, Watte, bunte Kugeln, Bohnen, eine Flaschenkiste

Herstellung: Die Flaschen werden mit unterschiedlichen Materialien gefüllt und in den Korb oder die Kiste gestellt.
Spielbeschreibung: Die unterschiedlichen Flaschen laden zu verschiedensten Spielen ein. Die Kinder können sie schütteln, kullern, betrachten oder einfach nur die Kiste ein- und ausräumen.
Variation: Die Flaschen sind unterschiedlich schwer. Die Kinder können nun mit den unterschiedlichen Gewichten experimentieren und Kraftspiele damit machen. Ältere Kinder können die Flaschen nach Gewicht ordnen.

Zauberflaschen

ZIELE: Unterstützung der visuellen, akustischen und kinästhetischen Wahrnehmung

MATERIAL: Kiste mit leeren Wasserflaschen, Speiseöl, verschiedene Fingerfarben

Herstellung: Die Flasche wird zur Hälfte mit Wasser gefüllt, etwas Fingerfarbe wird hinzugegeben. Dann wird sie mit Speiseöl zu drei Viertel aufgefüllt.

Spielbeschreibung: Durch das Schütteln der Flaschen können die Kinder unterschiedliche Beobachtungen machen.

Flaschenkegeln

ZIELE: Unterstützung der visuellen Konzentration, der vestibulären Wahrnehmung, der Krafteinteilung

MATERIAL: viele unterschiedlich große Plastikflaschen, Tennisbälle

Spielbeschreibung: Die Flaschen werden aufgestellt und mit dem Tennisball umgeworfen. Die Bälle können gerollt oder geworfen werden.

Variation: Ältere Kinder können mit Wasser gefüllte Flaschen umkegeln.

Flaschen-Memory

ZIELE: Unterstützung der visuellen Aufmerksamkeit, der visuellen Konzentration, der kinästhetischen Wahrnehmung

MATERIAL: mehrere Plastikflaschen, mehrere unterschiedliche farbige Krepppapierstreifen bzw. Tinte oder Fingerfarbe, evtl. weitere Füllmaterialien wie Erbsen, Linsen, Mais, Watte

Herstellung: Das Wasser wird mit Krepppapier, Tinte oder Fingerfarbe gefärbt. Damit werden jeweils zwei Flaschen gefüllt.

Spielbeschreibung: Nun können die Kinder mit Unterstützung der Erzieherin versuchen, die Flaschenfarben passend zusammenzustellen.

Variation: Jeweils zwei Flaschen werden mit Erbsen, Linsen, Mais, Watte oder anderen Materialien gefüllt.

Mit einfachen Bierdeckeln zu experimentieren, diese zu ertasten, zu rollen oder zu stapeln, macht den Kleinsten viel Freude und unterstützt ihre Sinneswahrnehmung spielerisch. Eine Auswahl an Bierdeckeln mit unterschiedlichen Fühlflächen regt das Kind darüber hinaus nicht nur zu neuen taktilen Erfahrungen an, sondern kann auch seinen Wortschatz erweitern.

Bierdeckel entdecken

ZIELE: Unterstützung der visuellen Aufmerksamkeit, der kinästhetischen Wahrnehmung, der Feinmotorik, der Spielfreude
MATERIAL: Bierdeckel, Materialkorb

Spielbeschreibung: Viele Bierdeckel liegen in einem Materialkorb für die Kinder bereit. Diese können nun nach Herzenslust befühlt und gerollt werden.

Bierdeckeltürme

ZIELE: Unterstützung der visuellen Aufmerksamkeit, der kinästhetischen Wahrnehmung, der Feinmotorik, der Geschicklichkeit, der Spielfreude
MATERIAL: Bierdeckel, Klebstoff

Herstellung: Unterschiedlich viele Bierdeckel werden aufeinander geklebt. So entstehen unterschiedlich hohe Bierdeckeltürme.
Spielbeschreibung: Diese Deckeltürme laden zum Rollen und Stapeln ein.

Fühltaler

ZIELE: Unterstützung der taktilen Wahrnehmung, der visuellen Konzentration
MATERIAL: Bierdeckel, unterschiedliche Stoffe (weich, rau, glatt), Schere, Kleber bzw. Heißklebepistole

Herstellung: Die Bierdeckel werden mit den unterschiedlichen Stoffen beklebt.
Spielbeschreibung: Die Fühltaler können von den Kindern taktil entdeckt werden und zu besonderen Fühlerlebnissen führen.
Variation: Die Erzieherin kann die Fühltaler bei einer Massage einsetzen.

Fühltaler sortieren

ZIELE: Unterstützung der visuellen Konzentration, der taktilen und kinästhetischen Wahrnehmung, Wortschatzerweiterung
MATERIAL: verschiedene Fühltaler-Paare (siehe Spiel Fühltaler)

Spielbeschreibung: Verschiedene Fühltaler-Paare liegen vermischt in einem Kreis, auf dem Tisch oder dem Boden. Die Erzieherin fordert das Kind auf, einen Bierdeckel zu nehmen und mit den Händen zu ertasten. Sie benennt die Eigenschaft des Stoffs, z. B. „weich." Sie nimmt den zweiten, gleichen Fühltaler aus dem Kreis, wiederholt seine Beschaffenheit und streicht mit dem Kind über seine Oberfläche. Anschließend werden gemeinsam alle Fühltaler mit dem jeweils gleichen Material herausgesucht, befühlt, benannt und zu Paaren sortiert.

Entspannungstaler

ZIELE: Unterstützung der taktilen Wahrnehmung, der vielfältigen Körpererfahrung, der Entspannungsfähigkeit
MATERIAL: mehrere weiche Fühltaler (siehe Spiele „Fühltaler)

Spielbeschreibung: Nach dem Wickeln oder Baden können die Fühltaler für ein Körpererfahrungsspiel verwendet werden. Die Erzieherin singt folgendes Lied und drückt dabei sanft mit einem weichen Fühltaler (z. B. beidseitig mit Fell beklebt) auf verschiedene Körperstellen. Ist das Lied zu Ende, bleibt der Deckel dort liegen, wo er zuletzt sanft angedrückt wurde, z. B. auf dem Bauch. Nun nimmt sie einen zweiten Deckel und singt das Lied erneut. Ist es zu Ende, bleibt der Deckel auf dem entsprechenden Körperteil liegen. Dieses Spiel kann so oft wiederholt werden, bis das Kind mit Deckeln bedeckt ist.

Lied: *(Melodie: Taler, Taler, du musst wandern)*
Taler, Taler, du musst wandern,
von dem einen Ort zum andern,
wanderst langsam, liegst dann still,
weil er dich verwöhnen will.

Das Spielen mit Wäscheklammern ist bei (Kleinst-)Kindern sehr beliebt. Diese Alltagsmaterialien regen neben der taktilen Beschäftigung besonders dazu an, sich mit der Kraft der Finger auseinanderzusetzen.

Ein- und Ausschütten

ZIELE: Unterstützung der visuellen Konzentration, der Feinmotorik, der kinästhetischen Wahrnehmung
MATERIAL: Wäscheklammern, Wäscheklammerbeutel, evtl. verschiedene Behälter

Spielbeschreibung: Die Wäscheklammern stehen den Kindern im Beutel zur Verfügung und laden zum Befühlen, Experimentieren, Aus- und Einräumen ein.

Ordnen und sortieren

ZIELE: Unterstützung der visuellen Konzentration, Wortschatzerweiterung
MATERIAL: verschiedenfarbige Wäscheklammern

Spielbeschreibung: Zusammen mit der Erzieherin können die Wäscheklammern nach Farben sortiert werden.

Klammerköpfe

ZIELE: Unterstützung der Feinmotorik, der Auge-Hand-Koordination, der visuellen Konzentration
MATERIAL: Tonkarton, Buntstifte, Schere, farbige Wäscheklammern

Herstellung: Aus dem Tonkarton werden handgroße Kreise geschnitten.
Spielbeschreibung: Die Erzieherin malt auf jeden Kreis ein Gesicht. Dann können die Kinder diesen Köpfen mit den Wäscheklammern Haare geben.
Variation: Aus gelben bzw. braunen Tonkartonkreisen bzw. -ovalen können so auch Sonnen oder Igelkörper gestaltet werden.

SCHMIER-, KNET- UND MALIDEEN

Kinder brauchen für das wahrnehmungsorientierte Spiel auch Materialien, welche das Schmier- und Matschbedürfnis der Kleinen stillen. Mit den folgenden Spielideen können Kleinstkinder allein, zu zweit oder in einer Kleingruppe vielseitige taktile und kreative Erfahrungen machen. Sie sollten dabei immer gut beobachtet und unterstützt werden. Alle Materialien sind ungiftig und teilweise sogar essbar! Damit die Kinder den Unterschied zwischen nicht/essbaren Materialien besser verstehen, ist es wichtig, die Sinnesspiele mit essbarer Knete in der Küche oder im Essbereich durchzuführen.

Kartoffelknete

ZIELE: Unterstützung der taktilen Wahrnehmung, der Kraftdosierung und der Materialerfahrung
MATERIAL: Kartoffelpulver, Wasser, Rührschüssel, Rührbesen

Herstellung: Kartoffelbrei nach Packungsanleitung herstellen und abkühlen lassen, danach ist der Teig knetfähig.
Spielbeschreibung: Die Kinder formen aus der Knete verschiedenste Formen und Werke. Die hergestellten Kunstobjekte können gleich aufgegessen werden.
Hinweis: Diese Knete ist essbar.

Zuckerknete

ZIELE: Unterstützung der taktilen Erfahrung, der Kraftdosierung und der Experimentierfreude
MATERIAL: 6 Tassen Mehl, 4 Tassen Zucker, 2 Tassen Wasser, Schüssel und Rührlöffel

Herstellung: Mehl und Zucker vermengen, dann langsam Wasser hinzufügen. Die Knetprodukte bei 150 Grad eine Stunde backen.
Spielbeschreibung: Diese Zuckerknete können die Kinder zerbröseln, formen und so ihre taktilen Erfahrungen machen.
Hinweis: Diese Knete ist essbar.

Knete aus eigener Herstellung

ZIELE: Unterstützung der taktilen Wahrnehmung, Stärkung der Hand- und Fingermuskulatur und Unterstützung vielfältiger haptischer Erfahrungen
MATERIAL: 8 Tassen Mehl, 6 Tassen Wasser, 2 Tassen Salz, 4 EL Öl, 1 Pck. Weinsteinsäure, 2 Esslöffel Lebensmittelfarbe, Schüssel, Rührlöffel.

Herstellung: Wasser erwärmen, alle Zutaten vermengen und langsam zum Wasser hinzugeben. Die Masse glatt kneten. Luftdicht verpackt und kühl gelagert hält diese Knete ein paar Wochen.
Spielbeschreibung: Diese Knete lädt zum Matschen, Formen und Gestalten ein.

Sandknetteig

ZIELE: Unterstützung der taktilen Erfahrung, Stärkung der Hand- und Fingermuskulatur
MATERIAL: 6 Tassen Vogelsand, 3/4 Tasse Tapetenkleisterpulver, Holzleim nach Bedarf, 3 Tassen Wasser, Topf und Rührlöffel

Herstellung: Die Zutaten in einem Topf leicht erhitzen bis eine knetbare Masse entsteht. Abkühlen lassen und fertig ist der Sandknetteig.
Spielbeschreibung: Mit dem Material kann nun frei gematscht werden.

Sägemehlknetteig

ZIELE: Stärkung der Hand – und Fingermuskulatur, Unterstützung neuer taktiler Erfahrungen
MATERIAL: 6 Tassen Sägemehl, 2 Tassen Tapetenkleister, 2 Esslöffel Holzleim, Schüssel, Rührlöffel, evtl. etwas warmes Wasser

Herstellung: Alle Zutaten zu einem Brei verkneten.
Spielbeschreibung: Formen und Fantasiegebilde sind nach einigen Tagen trocken und können angemalt werden. Dazu kann Kleisterfarbe erstellt werden.

Matschen, rühren, formen

ZIELE: Unterstützung der taktilen Wahrnehmung, der Kraftdosierung, der visuellen Konzentration,
MATERIAL: Zeitungspapier, Tapetenkleister, große Schüssel, Holzlöffel

Spielbeschreibung: Die Schüssel wird mit dem angerührten Tapetenkleister gefüllt. Die Kinder zerreißen die Zeitungen, vermengen diese mit dem Kleister. Mit dem Zeitungsbrei können sie nun matschen, mit den Löffeln rühren, Kugeln formen oder Schlangen rollen. Die Werke können getrocknet und in einem Regal ausgestellt werden.

FÜHLBECKEN, KRABBELKANAL UND ANDERE SPIELSTATIONEN

Wichtige Erfahrungen, die die Kleinen machen, um ihre Eigenwahrnehmung zu unterstützen sind die, die sie mit ihrem ganzen Körper machen. Die folgenden Spielimpulse geben Ihnen Ideen zu wahrnehmungsfördernden Spielstationen im Gruppenraum an die Hand. Damit auch, im Laufe eines aktiven Spielmorgens, dem Ruhebedürfnis des Kindes Beachtung geschenkt werden kann, sind kleine Rückzugsorte von großer Wichtigkeit.

Fühlwanne

ZIELE: Unterstützung der taktilen und kinästhetischen Wahrnehmung
MATERIAL: Badewanne oder Schwimmbecken bzw. mehrere kleine Wannen oder Kisten, Fühlmaterialien wie Erbsen, Bohnen, Reis, Raps, Futtermais, Korken, Kastanien, einige Sandschaufeln, Trichter, Flaschen, Eimer

Vorbereitung: Die Badewanne oder das Becken wird mit einem Füllmaterial aufgefüllt, wie z. B. Erbsen, Bohnen, Reis, Futtermais, Korken oder Kastanien.
Spielbeschreibung: Hier wartet auf die Kinder ein intensives Fühlerlebnis! Mit Schaufeln, Löffeln und

anderen Hilfsmitteln können sich die Kleinen leicht berieseln und das Material in seiner Eigenschaft taktil erfahren. Wer mag, kann das Naturmaterial in Flaschen füllen, umschütten oder einfach nur mit seinen Händen, Füßen und dem ganzen Körper erspüren.

Variation: Die Fühlmaterialien können auch auf verschiedene Wannen oder Kisten verteilt werden.

Fußwannen

ZIELE: Unterstützung der taktilen Wahrnehmung
MATERIAL: kleine Wannen, unterschiedliche Matschmischungen (Erde und Wasser, Sand und Wasser, Rasierschaum o. ä.)

Vorbereitung: In unterschiedlichen Wannen werden mit Unterstützung der Erziehrin verschiedene Matschmischungen angerührt.

Spielbeschreibung: Durch diese Wannen können die Kinder gehen und dabei mit ihren nackten Füßen unterschiedliche Fühlerfahrungen machen.

Entdeckungsteppich

ZIELE: Unterstützung der taktilen, visuellen und kinästhetischen Wahrnehmung
MATERIAL: kleine Krabbeldecke (aus Baumwolle), unterschiedliche Stoffe (z. B. Cord, Fell, Wolle), kleine Luftballone, große Knöpfe, Topfschwämme o. ä., Nähmaschine

Herstellung: Auf die Krabbeldecke werden unterschiedliche Stoffe, leicht aufgeblasene Luftballone, große Knöpfe oder andere Fühlmaterialien genäht.

Spielbeschreibung: Im Liegen und später beim Krabbeln oder Sitzen können die Kleinen auf diesem Entdeckungsteppich unterschiedliche Sinneserfahrungen machen.

Sandbecken

ZIELE: Unterstützung der taktilen, kinästhetischen und visuellen Wahrnehmung
MATERIAL: Sandbecken, kleine Schätze

Spielbeschreibung: In einem Sandbecken (oder Sandhaufen) sind kleine Schätze versteckt. Diese müssen gefunden werden.

Musikzelt

ZIELE: Unterstützung der akustischen, kinästhetischen und visuellen Wahrnehmung
MATERIAL: ein Tisch, ein großes Tuch, einfache Instrumente wie Klangstäbe, Rasseln, Schellenkranz, Alltagsmaterialien wie Töpfe, Dosen, Deckel, Pappkartons, Mülleimer, Schütteldosen, Schüttelkisten

Vorbereitung: Ein Tisch wird zu einem Musikzelt umgestaltet, indem ein großes Tuch über ihn gelegt wird. Dort hinein werden die Klanginstrumente gelegt.
Spielbeschreibung: In diesem Zelt können die Kinder allein oder mit mehreren viele musikalische Erfahrungen machen.

Krabbelkanal

ZIELE: Unterstützung der kinästhetischen, vestibulären, taktilen und visuellen Wahrnehmung
MATERIAL: Stühle, Tische, durchsichtige Folien, Laken, große Tücher, Decken, Felle, Wäscheklammern

Vorbereitung: Aus Stühlen, Tischen und unterschiedlichen Decken und Tüchern wird von der Erzieherin im Freien, im Flur oder im Bewegungsraum ein interessanter und sicherer Krabbelkanal gebaut. Die durchsichtigen Folien, Laken, Decken oder Tücher werden über die Stühle gehängt und mit Klammern befestigt. Der Boden kann mit weichen Fellen, Laken etc. ausgelegt werden. Vielleicht können beim Bau hier die älteren Kinder schon mithelfen?

Spielbeschreibung: Das Kind krabbelt durch den Kanal. Durch die unterschiedlichen Licht- und Farbeinwirkungen, die durch die verschiedenen Tücher und Folien entstehen, können in diesem Kanal neben taktilen auch verschiedene visuelle Erfahrungen gemacht werden.

Bällebad

ZIELE: Unterstützung der taktilen, vestibulären und kinästhetischen Wahrnehmung

MATERIAL: Wanne oder Schwimmbecken, viele unterschiedliche Bälle (Tennisbälle, Plastikbälle, Wollbälle, Tischtennisbälle, Gummibälle, Noppenbälle)

Spielbeschreibung: Die Kinder sitzen in diesem Bad und können nun die unterschiedlichsten taktilen und visuellen Erfahrungen machen. Greifen und Werfen werden zu einem interessanten Spiel.

Bewegungsecke

ZIELE: Unterstützung der kinästhetischen, vestibulären und visuellen Wahrnehmung

MATERIAL: unterschiedliche Hocker, Stühle, Matratzen, Bretter, Zweistufenleiter, Decken

Vorbereitung: Oben genannte Möbelstücke und Materialien werden in einer Raumecke oder im Außenbereich aufgebaut.

Spielbeschreibung: In diesem Bewegungsbereich können die Kinder krabbelnd, kletternd und hüpfend unterschiedliche Bewegungserfahrungen sammeln.

Kuschelhöhle

ZIELE: Unterstützung der taktilen und kinästhetischen Erfahrung, der emotionalen Entwicklung
MATERIAL: Tücher, verschiedene Kissen, Schaffell oder weiche Decken, evtl. Kuscheltiere

Spielbeschreibung: Mit Tüchern wird ein Teil des Gruppenraumes abgetrennt. Mit vielen unterschiedlichen Kissen, Schaffellen, Kuscheldecken und evtl. Kuscheltieren ausgelegt, wird diese Ecke zur Kuschelhöhle. Diese kann zum Schlafen, Spielen oder Kuscheln genutzt werden.

KUNTERBUNTE SPIELIDEEN FÜR DRINNEN UND DRAUSSEN

In kleinen Gruppen lässt sich gut zuhören und mitmachen. Auch die Kleinsten mögen es, gemeinsam zu spielen, ihre Finger zu bewegen, zu singen, mit den Füßen zu stampfen oder kurze Verse mitzuplappern. Bei kleinen Aktionen wie Fingerspielen, Mitmachversen, Liedern usw. werden die Sinne angesprochen und gefördert. Die kurzen Spielideen können sowohl einer Kleingruppe von 6–8 Kindern als auch dem einzelnen Kind viel Freude bereiten.

Fingerspiel: Klatschen kann ich, hör mal zu

Klatschen kann ich, hör mal zu,
klatschen kannst bestimmt auch du.
Nach einer Pause fang ich dann,
wieder froh zu klatschen an.
(Vers wird wiederholt)

Schlussvers:
Klatschen kann ich hör mal zu,
klatschen kannst bestimmt auch du.
Jetzt bin ich müd und geh nach Hause,
die Hände machen eine Pause.

Spielbeschreibung: Dieses einfache Fingerspiel wird rhythmisch klatschend begleitet. Bei den Pausen und am Ende des Schlussverses werden die Hände auf die Oberschenkel gelegt.

Fingerspiel: Der Regenwurm

Der Regenwurm, der Regenwurm,
er macht sich auf die Reise,
er kriecht daher, er kriecht daher
ganz langsam und ganz leise.

Er kriecht und kriecht von hier nach dort,
sucht immer einen schönen Ort,
doch ist er müd, macht er sich klein
und kriecht in das Erdloch rein.

Spielbeschreibung: Der Zeigefinger kriecht langsam über den Körper. Bei der letzten Strophe bleibt er auf einer Stelle mit leicht drehenden Bewegungen stehen.

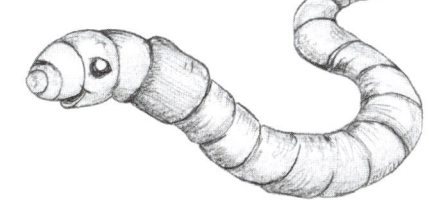

Die Fingerspiele können passiv mit Kindern ab 6 Monaten, aktiv ab 2,5 Jahren durchgeführt werden. Durch diese einfachen kleinen Wortspiele wird die Wahrnehmung visuell, akustisch, kinästhetisch, vestibulär und taktil angesprochen sowie die Mitmachfreude und die Auge-Hand-Koordination der Kleinsten gefördert. Die Strophen können gekürzt oder beliebig oft wiederholt werden.

Fingerspiel: Das Huhn

Das Huhn, es pickt mal hier, mal dort,
das Huhn, es pickt in einem fort,
es pickt und pickt, läuft weg und dann,
fängt es noch mal zu picken an.

Das Huhn, es pickt von früh bis spät,
es müde dann nach Hause geht.
Es pickt nicht mehr, es ist nun still,
weil es ganz lange schlafen will.

Spielbeschreibung: Zum Vers des Fingerspiels läuft der Zeigefinger über den Arm und dann den Körper des Kindes. Immer wieder bleibt er kurz stehen und tippt sanft auf eine Stelle. Bei der letzten Strophe steht der Finger still.
Variation: Mit den Fingern über den Boden, die Wand, den Stuhl laufen. Dabei können neue taktile Erfahrungen gemacht werden.

Fingerspiellied: Mit den Fingern

Mit den Fin - gern tanz ich schnell,

hin und her und auf der Stell. Hin und her,

hin und her, tan - zen, ja, das ist nicht schwer.

Spielbeschreibung: Das folgende Fingerspiel wird zur Melodie des Liedes „Brüderchen, komm tanz mit mir" gesungen. Wenn es den Kindern bekannt ist, lassen sie ihre Finger an verschiedenen Stellen des Raumes tanzen.

Mitmachvers: Rolle, rolle, kleiner Ball

ZIELE: Unterstützung der taktilen, vestibulären und kinästhetischen Wahrnehmung
MATERIAL: Weidenkorb mit großen und kleinen Bällen, Luftballone, einige Wasserbälle, großer Sitz- oder Gymnastikball

Spielbeschreibung: Der Korb mit den Bällen steht in der Spielkreismitte. Die Erzieherin holt einzelne Bälle heraus und rollt sie über den Boden. Dabei spricht sie immer wieder folgenden Vers. Die Kleinen werden aktiv. Sie krabbeln hinterher und die Erzieherin spricht und wiederholt den folgenden Vers.

Vers:

Rolle, rolle, kleiner Ball,   roll nach hier und da und dort,
rollen kannst du überall,   roll ganz schnell von Ort zu Ort.

Variationen:
- Das Spiel wird mit Luftballonen oder Wasserbällen durchgeführt.
- Das Spiel wird nur mit dem großen Sitz- bzw. Gymnastikball durchgeführt.

Dazu sitzen die Kinder im Kreis und der Ball wird hin und her geschubst.

- Einzelangebot: Das Kind wird auf einen Gymnastikball oder Wasserball gelegt und sanft hin und her gerollt, während der Text gesprochen wird.
- Entspannungsangebot: Eine Rollmassage mit einem kleinen Ball wird auf dem Körper des Kindes ausgeführt.

Mitmachvers: Fleißige Putzhilfen

ZIELE: Förderung der kinästhetischen, vestibulären und taktilen Wahrnehmung
MATERIAL: verschiedene Putztücher, Schwämme, Bürsten, für jedes Kind einen kleinen Putzeimer und eine Teppichfliese

Spielbeschreibung: Die Erzieherin legt mit den Teppichfliesen einen Spielkreis. Sie stellt jedem Kind einen Putzeimer, der gefüllt ist mit Putzutensilien, auf die Fliese. Dieser Putzeimer wird von den Kindern genau untersucht und mit dem Inhalt wird experimentiert. Jedes Kind nimmt danach eine Putzhilfe aus dem Eimer und putzt z. B. den Fußboden, den Stuhl, die Wand. Die Erzieherin kann die Putzaktion mit folgendem, wiederholt gesprochenen Vers begleiten. Wird die Schlussstrophe aufgesagt, legen die Kinder ihr Putzzeug in ihre Eimer.

Vers:
Wischi, waschi, hin und her,
das Putzen, das ist gar nicht schwer.

Schlussstrophe:
Wischi, waschi, jetzt ist Schluss,
weil jedes Kind nun ruhen muss.

Kullerstraßen

ZIELE: Unterstützung der Feinmotorik, der visuellen Konzentration, der akustischen Wahrnehmung
MATERIAL: unterschiedliche Wasserrohre aus Plastik, große Kugeln, Tennisbälle, Spielzeugautos

Herstellung: Aus den Plastikrohren wird mit Hilfe der Schraubverbindungen eine interessante Straße zusammengebaut.
Spielbeschreibung: Auf dieser Kullerstraße können Kugeln, Tennisbälle oder Spielzeugautos in Fahrt gebracht werden.

Fühlspiel: Grasgeheimnisse

ZIELE: Unterstützung der taktilen Wahrnehmung, der visuellen Konzentration und der Erinnerung
MATERIAL: Weidenkorb mit Gras, verschiedene interessante Gegenstände, z. B. Spielzeugtiere oder -autos

Spielbeschreibung: Die ausgewählten Gegenstände werden im Korb unter dem Gras versteckt. Die Erzieherin stellt den Korb vor die Kindergruppe und singt folgenden Text auf die Melodie von „Alle meine Entchen". Dann kann gewühlt, gefühlt sowie jeder Gegenstand betrachtet und mit Hilfe der Erzieherin benannt werden. Wenn alle Gegenstände aufgespürt wurden, können die Kinder mit diesen spielen. Täglich kann dieser Korb mit neuen Geheimnissen bestückt werden.

Liedtext: *(Melodie: Alle meine Entchen)*
Alle meine Kinder wühlen jetzt im Gras, wühlen jetzt im Gras,
das Fühlen und das Wühlen, ja, das macht sehr viel Spaß.

Bewegungslied: Kommt, wir krabbeln

ZIELE: Unterstützung der kinästhetischen, vestibulären, taktilen Wahrnehmung
MATERIAL: Decken, einige Baststrandmatten, Felle, Mülltüten, Gras usw.

1. Kommt, wir krab-beln ei-ne Stre-cke, krab-beln
lang-sam um die E-cke, krab-beln ist ja gar nicht
schwer, krab-beln mö-gen wir so sehr.

Schlussstrophe:

Kommt wir krabbeln ohne Pause,   ruhn uns aus und liegen still,
krabbeln nun geschwind nach Hause,   weil niemand mehr krabbeln will.

Spielbeschreibung: Die Erzieherin baut eine Krabbelstraße auf und lädt die Kinder zu einem Krabbelspiel ein. Sie begleitet die Wanderung mit dem Bewegungslied (Melodie: Taler, Taler, du musst wandern). Die erste Strophe wird hierbei wiederholt und die Schlussstrophe am Ende gesungen.

Variationen: Die Kinder krabbeln über Strandmatten oder Mülltüten, über Felle, über Gras oder über Sand.

Handspaziergang

ZIELE: Förderung der taktilen, kinästhetischen und vestibulären Wahrnehmung, der Kreativität, Regulierung der Körperspannung

MATERIAL: Abdeckfolie oder Zeitungen, Fingerfarbe, Klebeband, Pappteller für die Farbe, Malerkittel, evtl. Rasierschaum, Tapete, Pinsel und Bürsten

Vorbereitung: Die Erzieherin klebt eine Wand oder den Boden mit Folie ab. Nun wird etwas Fingerfarbe auf die Teller gegeben. Den Kindern werden die Malerkittel angezogen.

Spielbeschreibung: Die Kinder legen eine Hand in den Farbteller und wandern nun mit dieser Farbhand über die Folienwand. Die Erzieherin kann diesen Spaziergang mit einem rhythmischen Satz begleiten: „Pitsche, patsche, hin und her, das mögen diese Hände sehr". Der Satz kann beliebig oft wiederholt werden.

Variationen:

- Mit Rasierschaum können interessante taktile Erfahrungen gemacht werden sowie interessante Folienbilder entstehen.
- Auf die Folienwand wird Tapete geklebt, auf der bleibende Handspuren hinterlegt werden.
- Verschiedene Pinsel oder Bürsten (z. B. Pilzpinsel, Handbürste, Topfbürste) hinterlassen auf der Folie oder dem Papier Spuren.

Bilder betrachten

ZIELE: Unterstützung der visuellen Konzentration, der Sprechfreude, der Erinnerung

MATERIAL: Fotoapparat, Fotos des spielenden Kindes und der Familienmitglieder, Laminiergerät

Herstellung: Die Bilder werden vergrößert, laminiert und im Portfolio-Ordner abgeheftet bzw. zu einem kleinen Bilderbuch zusammengebunden. Bitte hierbei die Ecken der laminierten Bilder abrunden.

Spielbeschreibung: Die Bilder werden gemeinsam betrachtet. Durch den Wiedererkennungswert wecken sie großes Interesse bei dem einzelnen Kind. Über die abgebildeten Spielsituationen oder Personen wird hierbei gesprochen und erzählt.

Lebendiges Bilderbuch

ZIELE: Unterstützung der akustischen Wahrnehmung, der visuellen Konzentration, der Wortschatzerweiterung

MATERIAL: Korb, Tuch, unterschiedliche Dinge aus der Umgebung wie Tasse, Puppe, Auto, Ball, Jacke usw.

Spielbeschreibung: Das Tuch liegt ausgebreitet auf dem Boden, die Gegenstände werden nach und nach auf das Tuch gelegt und dabei benannt. Das Kind nimmt einen Gegenstand in die Hand und benennt diesen, evtl. mit Hilfe der Erzieherin. Dazu werden passende Bewegungen und Geräusche gemacht, um die neuen Begriffe zu vertiefen. So wird alles, was auf dem Tuch liegt, gezeigt, benannt und in Bewegung und Geräuschen dargestellt.

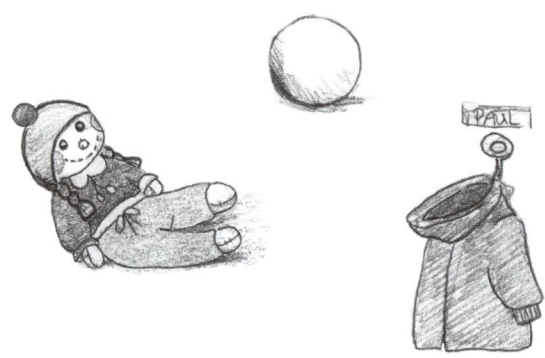

Wahrnehmungs-spiele für den Morgenkreis

Gemeinsam in einem Kreis zu spielen, ist für die Entwicklung des Gemeinschaftsgefühls für Kleinstkinder von großer Bedeutung. Durch einfache, wahrnehmungsorientierte Spielimpulse wird ihre Neugierde geweckt und ihr Interesse mitzumachen angeregt. Sie hören zu, schauen zu und fühlen sich in der kleinen Spielgemeinschaft angenommen. Deshalb ist das Treffen morgens oder mittags in einem Kreis auch schon für die Jüngsten ein sinnvolles Ritual.

SPIELE UND ANGEBOTE ZUR GANZHEITLICHEN FÖRDERUNG

Tastspiel: Die Fühlwiese

ZIELE: Unterstützung der taktilen und der kinästhetischen Wahrnehmung, der akustischen Aufmerksamkeit, Wortschatzerweiterung
MATERIAL: Spielmaterialien aus dem Umfeld des Kindes wie Teddy, Wäscheklammer, Ball, Puppe, Badeente usw., ein leichtes, grünes Tuch

Spielbeschreibung: Die Spielmaterialien liegen mit einem Tuch abgedeckt in der Sitzkreismitte. Die Kinder werden mit Hilfe des folgenden Verses eingeladen, unter das Tuch zu fassen, das darunter liegende zu ertasten und einen interessanten Gegenstand hervor zu holen. Dieser wird dann von der Erzieherin (oder einem älteren Kind) benannt. Mit den Spielzeugen kann anschließend gemeinsam gespielt werden.

Vers:
Schau, was ich heut hier verstecke,
unter dieser schönen Decke,
Teddys, Autos und noch mehr,
komm, mach mit und hol es her.

Variation: Mit älteren Kindern können die einzelnen Gegenstände jeweils einem bestimmten Themenkreis zugeordnet, z. B. Tiere, Fahrzeuge, Sandspielzeug usw.

> Bei den Spielen im Morgen- oder Spielkreis werden die Kinder nach ihren Fähigkeiten und Bedürfnissen aktiv in das Spiel einbezogen. Sie sollen mitklatschen, mitstampfen, sich zu den Texten bewegen und mit viel Spaß und Freude ganzheitliche Erfahrungen machen. Sie lernen dabei ihre Fähigkeiten kennen, lernen mitzumachen, Spielanweisungen auszuführen, miteinander zu kommunizieren und dabei ihre Sinne einzusetzen. Ältere Kinder und evtl. eine zweite Erzieherin können die Jüngsten beim Mitmachen unterstützen.

Bewegungsspiel: Hoch und runter

ZIELE: Förderung der akustischen und visuellen Konzentration, Unterstützung der Auge-Hand-Koordination, Mitmachfreude wecken
MATERIAL: große Decke, evtl. ein Teddy, ein leichtes, größeres Tuch, für jedes Kind ein Stöckchen

Spielbeschreibung: Die Kinder sitzen auf der Decke und lauschen dem folgenden Vers. Sie sind eingeladen, bei den vorgestellten Bewegungen mitzumachen und die Strophen darzustellen. Die Erzieherin spricht den folgenden Vers und hebt dabei dem Text entsprechend ihre Hand in die Luft und legt sie wieder auf den Schoß. Dann spielt sie den Vers mit der anderen Hand und zum Schluss mit beiden Händen. Sie motiviert hierbei die Kinder mit ihrer Mimik und Gestik, mitzumachen.

Vers:
Hoch und runter, hoch und runter,
meine Hände sind ganz munter,
hoch und runter ohne Ruh,
geht es heute immerzu.

Variationen:
- Die Kinder gehen mit dem Körper in die Hocke und kommen wieder hoch.
- Die Kinder bekommen ein Stöckchen in die Hand und bewegen es entsprechend des Textes.
- Für ältere Kinder: Sie halten gemeinsam ein Tuch fest, auf dem ein Teddy liegt. Das Tuch wird bewegt und die Erzieherin spricht den Text dazu.

Hörspiel: Tick-tack, so macht die Uhr

ZIELE: Unterstützung der akustischen Aufmerksamkeit, der visuellen Konzentration, der Bewegungsfreude

MATERIAL: Schuhkarton, ein laut tickender Wecker

Spielbeschreibung: Die Kinder sitzen im Kreis und werden eingeladen, den Schuhkarton zu öffnen. Die Erzieherin hält jedem Kind den Wecker an das Ohr und die Kinder lauschen dem Ticken. Anschließend spricht sie den folgenden Vers und bewegt bei den Worten „Tick-tack" ihren Zeigefinger von links nach rechts. Beim zweiten Aufsagen des Verses sprechen die Kinder, so gut sie können mit und spielen die Zeigerbewegung mit verschiedenen Körperteilen nach. Sie bewegen den Zeigefinger, die Hand, den Kopf oder den Körper hin und her.

Vers:

Tick-tack, tick-tack, so macht die Uhr,
Tick-tack, tick-tack, so macht sie nur.
Tick-tack, tick-tack, sie will schnell gehn,
Tick-tack, tick-tack, sie bleibt jetzt stehn.

Mitmachlied: Hör gut zu

ZIELE: Unterstützung der akustischen Aufmerksamkeit, der visuellen Konzentration, der Mitmachfreude

MATERIAL: Decke, Stofftiere wie Hund, Katze, Maus, Käfer, Korb mit Gras

Spielbeschreibung: Die Kinder sitzen im Kreis auf der Decke. Die Erzieherin stellt den Korb in die Mitte. Mit spannender Mimik und Gestik verkündet sie, dass hier im Korb unter dem Gras Kuscheltiere schlafen. Sie bittet ein Kind, in den Korb zu greifen und ein Kuscheltier aus dem Gras zu holen. Gemeinsam wird das Tier benannt und das passende Geräusch zum Tier gemacht. Anschließend bewegen sich sie Kinder wie das Tier und machen hierbei das passende Tiergeräusch. Die Erzieherin singt dazu die (auf S. 51 angegebene) passende Strophe. Nach und nach werden so die Tiere aus dem Korb geholt und dargestellt.

Lied: *(Melodie: Alle meine Entchen)*

Alle kleinen *Hunde*	Alle kleinen *Mäuse*	Alle kleinen *Katzen*
laufen froh umher,	laufen froh umher,	laufen froh umher,
laufen froh umher,	laufen froh umher,	laufen froh umher,
bellen immer wieder,	piepsen immer wieder,	miauen immer wieder,
das mögen sie so sehr.	das mögen sie so sehr.	das mögen sie so sehr

Hinweis: Dann werden die Tiere zurück in das Grasbett gelegt. Im Freispiel kann dieser Korb noch zum Fühlen und Suchen einladen.

Instrumentenkiste

ZIELE: Unterstützung der akustischen und visuellen Konzentration, der Wortschatzerweiterung

MATERIAL: 2 Körbe, 2 Tücher, pro Kind ein Glockenstab und eine Rassel

Spielbeschreibung: Die Instrumente liegen mit einem Tuch abgedeckt in einem Korb in der Kreismitte. Die Kinder befühlen einzeln die Gegenstände unter dem Tuch und holen sich ein Instrument aus dem Korb. Die Erzieherin benennt diese. Haben alle ein Instrument, dann spielen sie nun nach Lust und Laune mit diesen. Danach singt die Erzieherin ein bekanntes Lied und die Kinder begleiten es auf ihrem Instrument (z. B. Alle meine Entchen).

Darstellungsspiel: Der Waschvers

ZIELE: Unterstützung der akustischen und visuellen Konzentration, der kinästhetischen und vestibulären Wahrnehmung
MATERIAL: Weidenkorb, für jedes Kind einen Waschhandschuh

Spielbeschreibung: Die Erzieherin stellt einen Weidenkorb mit Waschhandschuhen in die Mitte. Die Kinder nehmen sich einen Waschhandschuh und werden eingeladen sich damit trocken zu „waschen". Gemeinsam wäscht jeder seinen Bauch, seine Arme usw. Die Erzieherin begleitet dies mit dem folgenden rhythmischen Vers.

Vers:

Hände waschen ist nicht schwer,
immer geht es hin und her,
hin und her, hin und her,
Hände waschen ist nicht schwer.

Wangen waschen ist nicht schwer,
immer geht es hin und her,
hin und her, hin und her,
Wangen waschen ist nicht schwer.

Bäuchlein waschen ist nicht schwer,
immer geht es hin und her,
hin und her, hin und her, Bäuchlein
waschen ist nicht schwer.

Füße waschen ist nicht schwer,
immer geht es hin und her,
hin und her, hin und her,
Füße waschen ist nicht schwer.

Variationen: Die Kinder können dieses Spiel auch im Waschraum mit warmem Wasser erleben. Der Vers unterstützt das nasse Erlebnis.

Bewegungsspiel: Krabbelkinder

ZIELE: Unterstützung der vestibulären, kinästhetischen und akustischen Wahrnehmung
MATERIAL: eine grüne Decke, Matratzen, Kissen und Turnmatten

Spielbeschreibung: Ein Krabbelkreis wird im Gruppenraum aufgebaut. Ältere Kinder können beim Aufbau helfen. Dann setzen sich die Kinder auf die grüne Decke, sie symbolisiert eine grüne Wiese. Die Erzieherin lädt die Kinder zu einer Krabbelreise ein. Diese kann über Matratzen, Kissen und Matten führen. Die Erzieherin unterstützt die Reise mit dem Vers, den sie mal schnell, mal langsam, mal laut und mal leise spricht. Sie wiederholt ihn immer wieder. Will sie die Krabbelreise beenden, dann spricht sie die Schlussstrophe und alle treffen sich wieder auf der grünen Decke.

Vers:
Krabbelkinder machen leise
eine weite Krabbelreise,
krabbeln hin und krabbeln her,
ja, das ist für sie nicht schwer.

Schlussstrophe:
Krabbelkinder machen leise
eine weite Krabbelreise,
krabbeln müde nun nach Haus,
ruhen sich vom Krabbeln aus.

Bewegungsspiel: Komm, steig in das Auto ein

ZIELE: Förderung der vestibulären, der kinästhetischen Wahrnehmung, der akustischen Konzentration
MATERIAL: ein Reifen, viele kleine Spielautos, ein Weidenkorb, ein Tuch

Spielbeschreibung: Die Erzieherin stellt den Korb mit den Spielautos in den Spielkreis. Die Kinder greifen hinein und nehmen sich ein Auto. Nun wird gemeinsam mit den Autos gespielt, wobei passende Geräusche nicht fehlen dürfen. Dann werden sie in einer Ecke geparkt. Nun holt die Erzieherin einen Reifen und lädt die Kinder ein, in den Reifen zu steigen. Ist das Auto voll, zieht sie vorsichtig den Reifen und spricht den folgenden Vers. Die Kinder bewegen sich nun in dem Reifen durch den Raum. Soll dieses Spiel beendet werden, spricht die Erzieherin die Schlussstrophe. Andere Kinder können einsteigen.

Vers:
Komm, steig in das Auto ein,
wir fahren heute nicht allein,
hin und her, kreuz und quer,
Autofahren ist nicht schwer.

Schlussstrophe:
Das Auto fährt zurück nach Haus,
diese Reise ist nun aus.

Die besondere Aktion: Sinneswanderung

ZIELE: Förderung aller Sinne

MATERIAL: Becher in verschieden Größen, Handtücher, einige Matratzen und Luftmatratzen, einige Trommeln, Rasseln, Klangstäbe, Töpfe und Kartons, einige Schlagstäbe wie Kochlöffel oder dünne Hölzer, einige Töpfe, Eimer, Becher und Schüsseln, evtl. Badekleidung

Vorbereitung: Die einzelnen Sinnesstationen in den Räumen werden altersentsprechend geplant und vorbereitet. Es sollten mindestens 2 Erwachsene bei diesem größeren Angebot dabei sein, um die Kinder unterstützen zu können. Wie viele Stationen angeboten werden, muss vorher gut überlegt werden (Fähigkeiten, Interessen und Bedürfnisse der Kinder, Betreuungsmöglichkeiten etc.)

Spielbeschreibung: Zwei Erzieherinnen stellen sich mit der kleinen Kindergruppe in einer Schlange an der Gruppentür auf. Jüngste Kinder können auch auf dem Arm getragen werden. Die Erzieherin, die vorne langsam vorausgeht und den Weg der Wanderung weist, lädt sie mit einem Lied zu einer besonderen Sinneswanderung ein (Melodie: „Hänsel und Gretel", Noten siehe S. 70). Die Wanderung führt jeweils zu vorbereiteten Sinnesecken oder in Räume, in welchen vorbereitete Sinnesspiele auf die Kinder warten. Immer wieder wird das Lied gesungen, das die Kinder zu dieser Wanderung einlädt.

Liedtext: *(Melodie: Hänsel und Gretel)*

Wir wollen gehen
nach hier und da und dort.
Wir wollen gehen
zu einem schönen Ort.
Kommt mit mir auf die Reise,
sie wird bestimmt sehr schön.
Fasst Euch an die Hände,
dann können wir schon gehn.

Beispiele für die Stationsspiele:

- Bewegungsraum: In einer Hüpflandschaft aus Matratzen wird gehüpft.
- Musikraum: Mit einfachen Instrumenten wie Trommeln, Klanghölzern und Rasseln sowie Utensilien wie Töpfen, Pappkartons können die Kinder ein bekanntes Lied begleiten.
- Küche: Verschiedene Obst- und Gemüsestreifen sowie andere kindergerechte Speisen von süß über salzig und sauer werden hier genüsslich verzehrt.
- Spielplatz: Auf dem Spielplatz spielen die Kinder im Sand. Sie füllen den Sand mit den Händen in Töpfe, Becher, Eimer und Schüssel. Sind alle Behältnisse gefüllt, geht es zur nächsten Sinnesstation.
- Waschraum: Das Element Wasser wird warm und kalt an den Händen, Füßen und evtl. in Badekleidung am ganzen Körper erlebt.
- Schlafraum: Hier ruhen sich die Kinder von der langen Wanderung aus und bekommen noch eine Geschichte vorgelesen oder ein Lied vorgesungen. Hierzu werden sie leicht massiert.

FINGERSPIELE UND NOCH MEHR

Fingerspiele können den Kleinsten im Freispiel wie im Morgenkreis viel Freude bereiten. Sie unterstützen die visuelle und akustische Aufmerksamkeit der Kleinsten sowie ihre Auge-Hand-Koordination, ihre Mitmachfreude und erweitern den Wortschatz. Auf die Sprechmelodie, die ein Fingerspiel begleitet, reagiert schon der Säugling mit großer Aufmerksamkeit. Auch wenn er selbst noch nicht mitmachen kann, er hört und schaut zu.

Die eine Hand, die winkt dir zu +6 MON

Die eine Hand, die winkt dir zu	*mit einer Hand winken*
jetzt, da legt sie sich zur Ruh.	*die Hand auf den Oberschenkel legen*
Die andere Hand, die winkt dir zu	*mit der anderen Hand winken*
jetzt, da legt sie sich zur Ruh.	*die Hand auf den Oberschenkel legen*
Mit beiden Händen wink ich schnell	*mit beiden Händen winken*
und verschwinde auf der Stell.	*Hände auf den Rücken legen*

Guten Tag, ich heiße Hand

Guten Tag, ich heiße Hand,   *eine Hand zeigen*
ich bin jedem hier bekannt.
Fünf Finger meine Freunde sind,   *mit den Fingern wackeln*
die kennt auch ein jedes Kind.
Sie können sich strecken und   *die Finger entsprechend bewegen*
auch winken
und auch ganz, ganz tief versinken.   *langsam die Finger beugen*
Jetzt liegen sie still und wollen ruhn   *Hand auf den Schoß legen*
und ganz lange nichts mehr tun.

Hinweis: Der Vers kann anschließend mit der anderen Hand
gespielt werden.

Schlussstrophe:
Zehn Finger wollen Freunde sein,   *Finger zeigen*
sie lassen sich niemals allein.   *Hände zusammen legen*
Sie können sich strecken   *die Bewegungen mit beiden Händen*
und auch winken   *machen*
und auch ganz, ganz tief versinken.   *die Finger entsprechend bewegen*
Jetzt liegen sie still und wollen ruhn   *die Hände auf den Schoß legen*
und ganz lange nichts mehr tun.

Meine Finger, die sind fort

Meine Finger, die sind fort   *Hände auf den Rücken legen*
an einem ganz versteckten Ort.
Doch hokus, pokus, eins, zwei, drei,
kommen sie geschwind herbei.   *Hände zeigen*

Sie zappeln munter hin und her,   *mit den Fingern zappeln*
doch jetzt wollen sie nicht mehr.   *Hände ruhig halten*
Meine Finger, die sind fort
an einem ganz versteckten Ort   *Hände auf den Rücken legen*

Variationen:

Sie zappeln munter auf und ab	*mit den Fingern zappeln*
doch jetzt sind sie müd und schlapp	*Hände still halten*
Sie zappeln munter rundherum,	*mit den Fingern im Kreis zappeln*
und fallen plötzlich müde um	*Hände auf den Schoß legen*

> Die Fingerspiele können passiv mit Kindern ab 6 Monaten, aktiv ab 2,5 Jahren durchgeführt werden. Sie können jeweils dem Alter der Kinder entsprechend verändert bzw. gekürzt werden.

Schau dir meinen Finger an

Schau dir meinen Finger an,	*Zeigefinger zeigen*
was er so alles machen kann.	
Er winkt dir zu,	*Finger auf und ab bewegen*
kommt langsam an	
und tippt auf deine Nase dann.	*auf die Nase des Nebenmanns tippen*
Er geht jetzt zu deinem Bauch	*auf den Bauch tippen*
und zu deinen Armen auch.	*auf die Arme tippen*
Er geht zu nun zu deinem Fuß	*auf den Fuß tippen*
und schickt ihm einen lieben Gruß.	
Jetzt läuft er schnell	*schnell mit dem Finger*
	über den Körper laufen
und ist dann fort	*Finger vom Körper nehmen*
und winkt von einem	*aus der Ferne den*
fernen Ort.	*Finger auf und*
	ab bewegen

Aus den Wolken machen leise

Aus den Wolken machen leise Regentropfen eine Reise.	*mit den Fingern zappeln*
Sie fallen sanft auf meinen Kopf, dort macht es dann tropf, tropf, tropf.	*sanft auf den Kopf klopfen*
Auf die Nase, Arme und den Bauch fallen die Regentropfen auch.	*die Finger auf Nase, Arm und Bauch legen und leicht klopfen*
Die Sonne, die kommt auch ganz leise, macht am Himmel ihre Reise.	*die Finger einer Hand ausstrecken und nach oben wandern*
Sie trocknet mich von Kopf bis Fuß,	*mit flachen Händen vom Kopf bis zu den Füßen über den Körper ziehen*
zum Dank schicke ich ihr einen Gruß.	*winken*

Ich habe eine Nase

Ich habe eine Nase,	*mit dem Finger auf die Nase zeigen*
ich habe einen Bauch,	*auf den Bauch zeigen*
ich hab zwei schöne Hände,	*die Hände zeigen*
zwei Füße hab ich auch.	*auf die Füße zeigen*
Ich habe auch zwei Augen,	*auf die Augen zeigen*
die schauen hin und her,	*mit den Augen nach links und rechts schauen*
Ich habe auch zwei Ohren,	*auf die Ohren zeigen*
die hören nun nichts mehr.	*Ohren zuhalten*
Ich mag mich gern und streichle vor Freude meinen Bauch.	*den eigenen Bauch streicheln*
Ich ruh mich aus, bin leise	*den Kopf auf die Hand legen*
und müde bin ich auch.	*gähnen*

Variation: Im Freispiel kann die Erzieherin den Vers am Körper des Kindes darstellen. Dann wird er ein wenig verändert und das Kind direkt angesprochen: „Du" hast eine Nase, „Du" hast einen Bauch usw.

Viele kleine Frösche, die hüpfen froh umher

Viele kleine Frösche, die hüpfen froh umher, sie springen und sie springen, das ist für sie nicht schwer.	*mit den Handflächen auf die* *Oberschenkel schlagen*
Viele kleine Fische, die schwimmen froh umher, sie schwimmen und sie schwimmen, das ist für sie nicht schwer.	*mit den Händen über die* *Oberschenkel ziehen*
Viele kleine Käfer, die krabbeln hin und her, sie krabbeln und sie krabbeln, das ist für sie nicht schwer.	*mit den Fingern über den* *Unterarm krabbeln*

Die Käfermama geht allein

Die Käfermama geht allein in die weite Welt hinein. Sie krabbelt froh geradeaus,	*mit den Fingern einer Hand* *Krabbelbewegungen machen*
sie krabbelt nun zurück nach Haus.	*die Hand auf den Rücken legen*
Der Käferpapa geht allein in die weite Welt hinein. Er krabbelt froh geradeaus,	*mit den Fingern der anderen Hand Krabbel-* *bewegungen machen*
er krabbelt nun zurück nach Haus.	*die Hand auf den Rücken legen*
Die Käferkinder gehn allein in die weite Welt hinein. Sie krabbeln froh geradeaus,	*mit beiden Händen krabbeln*
sie krabbeln nun zurück nach Haus.	*die Hände auf den Rücken legen*

Die Finger sind ganz kleine Käfer

Die Finger sind ganz kleine Käfer,
sie krabbeln ganz schnell hin und her.
Sie krabbeln vor und auch zurück,
sie krabbeln langsam Stück für Stück.
Ganz müde krabbeln sie nach Haus
und ruhen sich dort lange aus.

mit den Fingern schnell über den Körper krabbeln

die Finger langsam anheben und auf den Rücken legen

Die Finger sind ganz kleine Schnecken,
sie kriechen langsam hin und her.
Sie kriechen vor und auch zurück,
sie kriechen langsam Stück für Stück.
Ganz müde kriechen sie nach Haus
und ruhen sich dort lange aus.

mit den Fingerkuppen langsam über den Körper ziehen

die Finger langsam vom Körper ziehen und auf den Rücken legen

Die Finger sind ganz kleine Frösche,
sie hüpfen lustig hin und her.
Sie hüpfen vor und auch zurück,
sie hüpfen langsam Stück für Stück.
Ganz müde hüpfen sie nach Haus
und ruhen sich dort lange aus.

mit den Fingern über den Körper springen

mit den Fingern vom Körper wegspringen

Schnapp-Schnapp, das kleine Vogelkind

Schnapp-Schnapp, das kleine Vogelkind
macht seinen Schnabel auf geschwind.
Es hat Hunger, schnappt umher,
es hat im Nest kein Futter mehr.
Schnapp-Schnapp, das kleine Vogelkind
macht seinen Schnabel auf geschwind.

Die Mutter kommt und füttert schnell
das Vogelkind jetzt auf der Stell.
Schnapp-Schnapp, das kleine Vogelkind
macht nun den Schnabel zu geschwind.

Spielbeschreibung: Zeigefinger und Daumen aufeinander legen und diese wiederholt öffnen und schließen.

Ist den Kindern ein Fingerspiel gut bekannt, können die Finger auch über den Tisch, den Stuhl, die Wand, den Fußboden oder den Körper laufen. Um Farbspurenbilder zu erhalten, werden die Finger in Farbe getaucht, die Fingerbewegungen auf Papier gespielt und die Fingerspiele somit kreativ dargestellt. Fingerspiele laden auch zu Körperwahrnehmungsspielen ein. Die Finger können hierzu sanft, dem Text entsprechend, am eigenen Körper oder dem Körper des Gegenübers entlangwandern.

Die Finger, sie tanzen

1. Die_ Fin-ger, sie tan-zen, sie_ tan-zen ganz schnell,

sie_ drehn sich im Krei-se und_ stehn auf der Stell.

2. Sie tanzen und tanzen, drehen sich hin und her,
   doch jetzt sind sie müde und tanzen nicht mehr.

Spielbeschreibung: Die Finger werden dem Liedtext (Melodie: Schneeflöckchen, Weißröckchen) entsprechend bewegt und am Ende auf den Schoß gelegt.

Holler, boller, bum, bum, bum

Holler, boller bum, bum, bum,
der Teddybär, der geht herum.
Ganz, ganz laut kommt er daher,

denn er mag das Bollern sehr.
Holler, boller, bum, bum, bum,
der Teddybär, der geht herum.

Spielbeschreibung: Die Kinder klopfen mit ihrer Faust oder der flachen Hand, dem Text entsprechend, auf den Boden.
Variationen:
- Die Kinder klopfen an die Wand, auf den Stuhl, auf den Tisch.
- Ein Teddy läuft beim Wickeln über den Körper des Kindes.

Schau, meine Finger

Liedtext: *(Melodie: Hänsel und Gretel)*
Schau, meine Finger, die tanzen hin und her,
ja, meine Finger, die mögen Tanzen sehr.
Sie tanzen auf und nieder, sie tanzen rundherum,
die Finger sind müde und fallen einfach um.

Schau, meine Finger, die tanzen auf und ab,
ja, meine Finger, die machen noch nicht schlapp.
Sie tanzen auf und nieder, sie tanzen rundherum,
die Finger sind müde und fallen einfach um.

Spielbeschreibung: Der Liedtext wird auf die Melodie „Hänsel und Gretel" (Noten siehe S. 70) gesungen. Die Finger werden dem Text entsprechend bewegt und am Ende der Strophen auf den Schoß gelegt.

Meine Finger, sie zappeln

1. Mei-ne Fin-ger, sie zap-peln, ja sie zap-peln ganz schnell,

ja sie zap-peln und zap-peln, lie-gen still auf der Stell.

2. Meine Finger, sie tippen,
   ja, sie tippen ganz schnell,
   ja, sie tippen und tippen,
   liegen still auf der Stell.

3. Meine Hände, sie klatschen,
   ja, sie klatschen ganz schnell,
   ja, sie klatschen und klatschen,
   liegen still auf der Stell.

4. Meine Hände, sie reiben,
   ja, sie reiben ganz schnell,
   ja, sie reiben und reiben,
   liegen still auf der Stell.

Spielbeschreibung: Die Bewegungen werden dem Liedtext (Melodie: Kommt ein Vogel geflogen) entsprechend durchgeführt.

KREATIVE SINNESSPIELE FÜR HÄNDE UND FÜSSE

Mit einfachsten Materialien können die Kleinsten drinnen und draußen aktiv werden und sich kreativ ausleben. Ob beim Malen mit Fingerfarbe oder Rasierschaum, dem Formen von Sand oder dem Legen von Naturbildern – das Sinneserlebnis findet hier seinen kreativen Ausdruck.

Fußkunst

ZIELE: Förderung der taktilen, vestibulären und kinästhetischen Wahrnehmung
MATERIAL: große Planen, Kreppband, Fingerfarben, Wanne, Wasser, Seife, Handtücher

Spielbeschreibung: Die Planen werden auf den Boden geklebt. Die Erzieherin macht mit der Fingerfarbe große Farbkleckse auf die Plane. Die Kinder werden eingeladen, barfuß die Farbkleckse zu verschmieren. Die Erzieherin kann diese Aktion mit folgendem Lied begleiten. Die erste Strophe wird so lange gesungen, bis die Aktion beendet werden soll. Dann wird die Schlussstrophe gesungen und die Kinderfüße werden mit Wasser und Seife gesäubert.

Liedtext: *(Melodie: Alle meine Entchen)*
Viele nackte Füße
rutschen hin und her (2x),
rutschen immer wieder,
mögen das so sehr.

Schlussstrophe:
Viele nackte Füße
rutschen hin und her (2x),
rutschen nun nach Hause,
wollen gar nicht mehr.

Variationen: Diese Fußkunst macht auch mit Kleister und Sand oder mit Rasierschaum viel Freude!

Farbatelier

ZIELE: Förderung der taktilen, kinästhetischen und vestibulären Wahrnehmung, der Kreativität
MATERIAL: große Staffelei (mit mehreren Malplätzen) bzw. mehrere Maltafeln, Papierbögen, Fingerfarbe, Pappteller, Malerkittel, evtl. Zeitungen und Klebestreifen

Vorbereitung: An der Staffelei oder den Tafeln werden die Papierbögen befestigt und die Farbe wird auf die Pappteller verteilt.
Spielbeschreibung: Mit den Händen können mehrere Kinder gleichzeitig auf ihrem Papierbogen mit der Farbe experimentieren.
Variation: Falls keine Staffelei oder Maltafeln vorhanden sind, können die Kinder ihre Farbwerke auch auf einem niedrigen Tisch oder dem Boden (mit Zeitungen als Unterlage) erstellen.

Schaukästen

ZIELE: Unterstützung der taktilen Wahrnehmung, der Kreativität, der visuellen Konzentration
MATERIAL: eine Packung Mehl, für jedes Kind einen Eimer

Spielbeschreibung: Auf der Wiese werden mit Mehl kleine Quadrate gestreut. Die Kinder sammeln Naturmaterialien und gestalten damit die kleinen Kästen. Es können beliebig viele Kästen auf der Wiese zu finden sein, die dann, je nach Interesse, alle zu kleinen Schaubildern gestaltet werden. Die gemeinsame Betrachtung regt die Sprechfreude an.
Variation: Im Gruppenraum können kleine Schuhkartondeckel als Schaukästen dienen. Darin wird mit Naturmaterialien gestaltet.
Hinweis: Gibt man Tapetenkleister in die Deckel, so kann ein Bild gestaltet werden, welches zur Erinnerung aufgehängt oder aufgestellt werden kann.

Krabbelstraße

ZIELE: Unterstützung der taktilen Erfahrung, der vestibulären und kinästhetischen Wahrnehmung
MATERIAL: eine Tüte Mehl, Blätter, Sand, Moos

Spielbeschreibung: Für den Krabbelpfad auf der Wiese werden mit Mehl kleine Krabbelfelder auf die Wiese gestreut. Dort hinein werden Blätter, Sand oder Moos gelegt. Die Felder sind nun natürliche Erfahrungsteppiche. Krabbelnd erfühlen die Kinder das Material und können sich taktil mit diesen auseinandersetzen.

Variation: Ältere Kinder füllen die Felder selbst aus und können sie mit nackten Füßen erfahren.

Blätterkunst

ZIELE: Unterstützung der taktilen Erfahrungen, der Gestaltungsfreude
MATERIAL: für jedes Kind einen Bogen Tonpapier, Kleister, Eimer, Blätter

Vorbereitung: Bei einem Herbstspaziergang oder auf dem Hof sammeln die Kinder Blätter.
Spielbeschreibung: Auf das Tonpapier können sie mit ihren Händen den Kleister verteilen. Nun können sie dieses Kleisterpapier mit ihren Blättern gestalten. Nach dem Trocknen werden die Bilder aufgehängt.

Erdburgen bauen

ZIELE: Unterstützung der taktilen Erfahrung, der kinästhetischen Wahrnehmmung, der Kreativität.
MATERIAL: eine Packung Mehl, Eimer, Schaufeln, Wasser, Erde

Spielbeschreibung: Nach einem regenreichen Tag wird mit Mehl auf der Wiese ein großes Rechteck gestreut. Es ist das Burgenland. Dort hinein bauen die Kinder nun mit der nassen Erde Burgen. Mit Wasser kann die Erde noch knetbarer gemacht werden. Mit Stöckchen, Steinen, Blättern können die Burgen gestaltet werden.

Die Schneckenstraße

ZIELE: Unterstützung der taktilen und kinästhetischen Wahrnehmung, der Feinmotorik, der visuellen Konzentration
MATERIAL: größere Holzplatten oder Tonkarton, unterschiedlichste Wollfäden, Schnüre, Kordeln bzw. Bänder, Heißklebepistole, Bohrer, Schrauben oder doppelseitiges Klebeband

Herstellung: Auf einer Seite eines Holzbretts oder Tonkartons wird eine aus Wollfäden o. ä. gedrehte Schnecke mit der Heißklebepistole befestigt. Es werden unterschiedliche Schnecken-Fühltafeln hergestellt. Diese können an einer Wand in für die Kinder greifbarer Höhe befestigt werden.
Spielbeschreibung: Die Kinder gehen an der Wand entlang und befühlen die unterschiedlichen Schneckenhäuser. Dabei machen sie die unterschiedlichsten taktilen Erfahrungen.
Variation: Die Schneckenplatten werden auf dem Boden befestigt. Nun können die Kinder barfuß über diese Schneckenstraße gehen.

Farbenspaß

ZIELE: Förderung der taktilen, kinästhetischen und vestibulären Wahrnehmung, Regulierung der Körperspannung

MATERIAL: großer Papierbogen, Schere, Zeitungspapier oder Folie als Unterlage, Fingerfarbe, Pappteller, Malerkittel, evtl. CD-Spieler und CD mit klassischer Musik, Klebeband

Vorbereitung: Aus dem Papierbogen wird ein großer Kreis ausgeschnitten. In der Mitte des Morgenkreises wird mit Zeitungspapier oder Folie eine Malunterlage ausgelegt, auf welche der Papierbogen bereitgelegt und mit Klebeband befestigt wird.

Spielbeschreibung: Die Kinder können sich nun mit Malerkittel und Fingerfarbe ausgestattet kreativ auf dem Papier ausleben. Dabei können sie die Farbeigenschaften elementar erleben.

Variationen:

- Klassische Musik kann das Farbenspiel im Hintergrund begleiten.
- Jeweils 1 oder 2 Kinder können mit angemalten Händen und/oder Füßen über den Papierkreis krabbeln, gehen und ihn dabei frei gestalten.
- Es kann auch ein langer Papierbogen auf dem Boden oder an einer Wand befestigt werden, auf dem die Kinder im Sitzen, Stehen oder Gehen mit den Farben experimentieren können.

SINNVOLLE TAGESRITUALE UND IDEEN FÜR DEN GRUPPENWECHSEL

Rituale sind gerade für die Kleinsten eine wichtige Stütze, um sich im Kindergartenalltag zurechtzufinden. Sie geben den Kindern Sicherheit, helfen ihnen den Ablauf des Kindergartentages zu verstehen. Besonders die Begrüßung am Morgen ist ein wichtiger Teil des Tages. Durch einen ritualisierten gemeinsamen Anfang haben die Kinder die Möglichkeit, in Ruhe anzukommen. Die Jüngsten können hierbei auf dem Schoß oder Arm sowie von einem sicheren Platz aus aktiv miteinbezogen werden.

Begrüßungslied: Guten Tag, guten Tag

ZIELE: Unterstützung der Bewegungs- und Mitmachfreude und der kinästhetischen Wahrnehmung

Spielbeschreibung: Die Kinder stehen oder sitzen zusammen im Kreis. Die Erzieherin singt mit ihnen das folgende Lied (Melodie: Hänschen Klein).

Begrüßungsvers: Alle klatschen

ZIELE: Unterstützung der kinästhetischen, vestibulären Wahrnehmung, der akustischen Konzentration, der Auge-Hand-Koordination

Spielbeschreibung: Die Kinder stehen im Kreis. Die Erzieherin spricht folgenden Text und die Kinder machen aktiv die Bewegungen mit.

Vers:

Alle klatschen, schaut euch an,
wie gut ein jedes Kind das kann
(klatschen).
Alle stampfen, schaut euch an,
wie gut ein jedes Kind das kann
(stampfen).
Alle laufen, schaut euch an,
wie gut ein jedes Kind das kann
(laufen).
Alle krabbeln, schaut euch an,
wie gut ein jedes Kind das kann
(krabbeln).

Alle sitzen, schaut euch an,
wie gut ein jedes Kind das kann
(sich setzen).
Alle fassen sich nun an,
so wie ein jedes Kind es kann
(sich anfassen).
Alle rufen: „Guten Tag",
so laut wie jedes Kind es mag
(laut „Guten Tag" rufen).

Hinweis: Es können Strophen hinzugefügt oder weggelassen werden. Die letzten beiden Strophen sollten jedoch immer gesprochen werden, da sie zu einer netten Begrüßung beitragen.

Begrüßungslied: Ich reich dir die Hände

ZIELE: Unterstützung der akustischen und visuellen Wahrnehmung und der Bewegungsfreude

Spielbeschreibung: Die Kinder stehen im Kreis. Die Erzieherin singt das Lied (Melodie: Hänsel und Gretel) und die Kinder spielen den Text aktiv mit.

2. Ich reich dir die Hände, tanze nun mit dir,
   ich reich dir die Hände, komm, tanz auch du mit mir.
   Ich möchte mit dir spielen und lange fröhlich sein,
   ohne dich wäre ich heute so allein.

3. Ich reich dir die Hände, geh mit dir durch den Tag,
   ich reich dir die Hände, weil ich dich so mag.
   Ich möchte mit dir spielen und lange fröhlich sein,
   ohne dich wäre ich heute so allein.

Hinweis: Die Anzahl der Strophen bestimmen Sie selbst.

Ein tägliches Ritual, das die Aufräumzeit einleitet, gibt den Kindern Struktur und Halt. Der Klang einer Zimbel oder eines Gongs kann z. B. als Signalton für das Aufräumen stehen. Mit Hilfe der Erzieherin kann ein Kind, dem das Ritual vertraut ist, den Gong anschlagen. Auch kurze, leicht verständliche Lieder können den Übergang zu einem neuen Tagesabschnitt ankündigen. Jedem Kind sollte nach dem Aufräumsignal noch etwas Zeit gegeben werden, damit es die angefangene „Arbeit" zu Ende zu bringen kann.

Aufräumlied: Die Spielzeit

ZIELE: Unterstützung der akustischen Aufmerksamkeit, des visuellen Gedächtnisses, Festigung des Sozialverhaltens

Spielbeschreibung: Ist es Zeit zum Aufräumen, kann das folgende Lied jeweils diese Phase einläuten. Die ergänzenden Strophen können nach dem Aufräumen gesungen werden, wenn alle zum Abschlusskreis zusammenkommen. Die Anzahl der Strophen bestimmen Sie selbst.

Liedtext: *(Melodie: Die Vogelhochzeit)*

1. Strophe:
Die Spielzeit, ja die ist gleich aus,
dann gehen alle froh nach Haus.

Refrain:
Fideralala, fideralala, fideralalalala.

2. Strophe
Räumt alles in die Kästen ein,
das können Kinder groß und klein.

3. Strophe
Dann setzen wir uns in den Kreis,
das geht ganz flink und auch ganz leis.

4. Strophe
Dort schenken wir uns dann zum Schluss
noch einen kleinen Abschiedsgruß.

Aufräumlied: Kinder, jetzt ist es soweit

ZIELE: Unterstützung der Singfreude

Spielbeschreibung: Das folgende Lied (Noten siehe S. 42) kann als Signal zum Aufräumen gesungen und die Strophe hierbei mehrmals wiederholt werden.

Liedtext: *(Melodie: Brüderchen komm tanz mit mir)*
Kinder, jetzt ist es so weit,
macht euch für das Spiel bereit.
Räumt nun ein, räumt nun ein,
jeder kann das, groß und klein.

Aufräumlied: Alle Kinder räumen

ZIELE: Unterstützung der akustischen Konzentration und der Mitmachfreude

Spielbeschreibung: Dieses Lied kann während des Aufräumens gesungen und mehrmals wiederholt werden.

Liedtext: *(Melodie: Alle meine Entchen)*
Alle Kinder räumen,   tragen alle Sachen
räumen alles fort,   jetzt gleich an ihren Ort.
räumen alles fort,

Ruhenische

ZIELE: Unterstützung des Entspannungsbedürfnisses
MATERIAL: mehrere Matratzen, einfarbige Bettbezüge, Kopfkissen, Gardine oder Vorhang, Gardinenleiste, Nähmaschine

Vorbereitung: Gestalten Sie in einer freigeräumten Ecke des Gruppenraums mit vielen Matratzen, die mit einfarbigen Bettbezügen überzogen sind, sowie großen und kleinen Kissen eine große Ruhenische. Bitten Sie die Eltern um Mithilfe. Lassen Sie sich einen Vorhang für diese Ecke nähen und bringen Sie diesen

gemeinsam mit den Eltern unter der Decke an. Mit zugezogenem Vorhang ist diese Ecke eine sehr begehrte Ruhenische.
Spielbeschreibung: In dieser kuscheligen Ruhenische ruhen sich die Kinder z. B. nach dem Aufräumen ein wenig aus. Hier kann die Erzieherin eine kurze Geschichte erzählen, den Kleinen eine kleine Massage geben oder gemeinsam mit ihnen ein ruhiges Lied singen.

Ein wichtiger Abschnitt am Tag sind ritualisierte Ruheeinheiten. Durch diese kann der Tag in viele kleine Abschnitte eingeteilt werden. Diese machen es dem Kind möglich Kraft aufzutanken, um einen neuen Tagesabschnitt energievoll anzugehen. Daher sind kleine Ruhezonen im Raum von großer Bedeutung. Durch sie wird der Tag für die Kleinen spürbar leichter.

Kinderschlange

ZIELE: Unterstützung der sozialen Kompetenz, der akustischen Aufmerksamkeit, der visuellen Wahrnehmung

Spielbeschreibung: Wenn die Erzieherinnen mit ihrer Kindergruppe den Raum wechseln oder ins Freie gehen möchten, versammeln sie alle Kinder (nach dem evtl. An- oder Umziehen) an der Gruppenraumtüre. Wenn alle versammelt sind, bilden sie eine Schlange, indem sie sich an den Händen fassen. Die Kleinsten werden von den Erzieherinnen am Anfang und Ende der Schlange getragen bzw. im Kinderwagen mitgenommen.
Variation: Der Raumwechsel kann auch mit einem Lied begleitet werden (siehe z.B. S. 54).

Genauso wichtig wie eine gemeinsame Begrüßung ist auch die gemeinsame Verabschiedung. Das Kleinkind kann durch ritualisierte Spiele und Lieder bewusst Abschied vom Kindergarten nehmen und sich auf die Eltern freuen. Die etwas älteren Kinder machen schnell mit und die Kleinen nehmen passiv teil. Auch hier können sie auf dem Arm oder im Tragetuch mit dabei sein.

Abschiedslied: Alle Kinder gehn nach Hause

ZIELE: Unterstützung der akustischen und visuellen Aufmerksamkeit, der kinästhetischen Wahrnehmung

Liedtext: *(Melodie: Taler, Taler, du musst wandern)*

Alle Kinder gehn nach Hause,
machen eine lange Pause,
morgen sind sie wieder da,
rufen dann ganz laut: „Hurra."

Kommt, wir reichen uns die Hände,
denn der Tag geht nun zu Ende,
sagen froh: „Auf Wiedersehn",
dieser Tag, er war sehr schön.

Hinweis: Die Noten zum Lied finden sich auf S. 44.

Abschiedslied: Die Großen und die Kleinen

ZIELE: Unterstützung der akustischen und visuellen Konzentration, der kinästhetischen Wahrnehmung

Liedtext: *(Melodie: Hänsel und Gretel)*
Die Großen und Kleinen, die gehen jetzt nach Haus,
der Kindergarten, der ist für heute aus.
Wir reichen uns die Hände, bevor wir alle gehn,
sagen gemeinsam ganz froh: „Auf Wiedersehn."

Hinweis: Die Noten zum Lied finden sich auf S. 70.

ABSCHIED UND NEUBEGINN
Sinnvolle Impulse für den Gruppenwechsel

Abschied nehmen von der lieb gewonnenen Umgebung, von Materialien, von Spielen und Büchern, von Erzieherinnen und Spielfreunden, das alles ist nicht einfach. In diesem Kapitel finden Sie einige Ideen zu sinnvollen Ritualen rund um die Erinnerung an die alte Gruppe, den Abschied von dieser sowie Ideen für den Neubeginn und die Begrüßung in der neuen Gruppe. Die meisten der folgenden Ideen sind speziell für die Dreijährigen und werden auch speziell mit ihnen als Kleingruppe durchgeführt.

Erinnerungswand

ZIELE: Unterstützung der taktilen, kinästhetischen und visuellen Wahrnehmung
MATERIAL: Gips, Plastikteller, Buntstift, Wolle, Klebe, Pappe, Fingerfarbe, Tapetenrolle, große Kork- oder Holzwand

Spielbeschreibung: Hand- und Fußabdrücke, Körperumrissbilder oder ähnliche Werke, die im Laufe der Krippenzeit mehrmals angefertigt werden, können nach und nach gemeinsam mit den Kindern auf einer großen, persönlichen Erinnerungswand ausgestellt werden. Die Kinder können ihr Wachstum, z. B. das ihrer Hand, im Laufe der drei Jahre verfolgen. Die Erinnerungswände finden am ehesten im Flur ihren Platz. Dort nehmen sich Kinder wie Eltern gerne Zeit für eine Betrachtung.

Hinweis: Diese Erinnerungswand kann vom Krippenkind bis zum Übergang in das Kindergartenalter nach und nach noch mit anderen schönen Dingen bestückt werden. Fotos von Aktionen, Geburtstagen, Festen geben Auskunft über das Erlebte in der Krippengruppe.

Erinnerungsmuseum

ZIELE: Erinnerung festigen, die Sprache und das Betrachten unterstützen
MATERIAL: Fotoapparat, Fotos der Kinder, evtl. Pinnwand, Schnüre oder Leinen, Ringordner, Fotoalbum o. ä.

Vorbereitung: Machen Sie im Laufe der Krippenzeit bei verschiedensten Gelegenheiten Fotos von den einzelnen Kindern. Diese sind ein wichtiges Element zur Dokumentation und Reflexion der Entwicklung des Kindes.

Beispiele:

- Bilderstraße: Im Flur werden Fotos bzw. gemalte Bilder von gemeinsamen Aktionen aufgehängt. Diese können betrachtet werden und zu Erinnerungsgesprächen einladen.
- Fotoleinen: An gespannte Schnüre/Leinen werden Erinnerungsfotos gehängt.
- Portfolio für alle: Erstellen Sie mit Fotos, kleinen Geschichten, gesungenen Liedern usw. eine Dokumentationsmappe aus der Zeit mit den Kleinen. Diese kann mit in die Großgruppe genommen werden. Hier können sie dann ihre letzten Jahre verfolgen und sich noch einmal erinnern. Auch die neuen Erzieherinnen können sich hieran orientieren.

> Wenn es einen Verbindungsflur oder eine andere geeignete Ecke zwischen dem Krippen- und Kindergartenraum gibt, dann gestalten Sie diesen für die Kleinen mit vielen Erinnerungsimpulsen. So kann das Kind immer mal wieder in die „Vergangenheit" zurückgehen und sich erinnern. Die andere Seite des Trakts könnte von den Großen gestaltet werden. So sehen die Kleinen, was nun angeboten wird.

Kreatives Angebot: Erinnerungskiste

ZIELE: Unterstützung der Erinnerung, der Sprechfreude und der Wortschatzerweiterung
MATERIAL: Schuhkarton, buntes Einpackpapier, Tapetenkleister

Spielbeschreibung: Die Kinder gestalten mit Hilfe der Erzieherin ihren eigenen Schuhkarton mit buntem Einpackpapier. In den letzten Wochen vor dem Übergang in die Kindergartengruppe können die Kleinen ihre Schatzkiste mit Dingen füllen, die sie später mit in die „große" Gruppe nehmen wollen.

Der große Umzug

ZIELE: Förderung der emotionalen Fähigkeiten (bewusstes Abschied nehmen, positiv ins Neue starten)
MATERIAL: Bollerwagen, alle Eigentumsgegenstände der Kleinen

Spielbeschreibung: Der Umzug wird auf dem Abschiedsfest ganz offiziell gemacht. Zusammen mit den Eltern werden alle Utensilien wie Taschen, Turnzeug, Kuscheltier usw. in den Bollerwagen gepackt. In einem gemeinsamen Umzug machen sich Erzieherinnen, Eltern und Kinder auf den Weg in den neuen Gruppenraum. Dabei singen sie das folgende Umzugslied (Noten siehe S. 68).

Umzugslied: *(Melodie: Hänschen Klein)*

Groß und Klein, zieh zu zwein
in die neuen Räume ein,
Schritt für Schritt, Schritt für Schritt
gehen alle mit.

Ja, hier war es wunderschön,
doch jetzt wollen alle gehn.
Schritt für Schritt, Schritt für Schritt
gehen alle mit.

Begrüßungslied der Großen

ZIELE: Förderung der emotionalen Fähigkeiten (den Abschied erleichtern, sich willkommen und angenommen fühlen, Neues positiv erleben)

Spielbeschreibung: Die Großen stehen vor der Gruppentür, winken den Kleinen zu und singen folgendes Lied.

Liedtext: *(Melodie: Kuckuck, Kuckuck)*
Hallo, hallo, schön euch zu sehn,
lasset uns spielen, zusammen nun spielen,
hallo, hallo, schön euch zu sehn.

Variation: In weiteren Strophen könnten jeweils auch die Verben „tanzen", „hüpfen", „feiern" o. ä. anstatt „spielen" eingesetzt werden.

Hinweis: Zur Begrüßung könnten die Großen den Kleinen jeweils ein selbst gemaltes oder gebasteltes Geschenk überreichen.

SPIELEREGISTER